Os dias e os livros

Os dias e os
livros

Divagações sobre a
hospitalidade da leitura

Daniel Goldin

TRADUÇÃO Carmem Cacciacarro

pulo do gato

 **gato letrado**

OS DIAS E OS LIVROS
© edição brasileira: Editora Pulo do Gato, 2012
© Daniel Goldin Halfon, 2006
Publicado no México pela Editorial Paidós Mexicana, S.A., 2006. Reservados t
os direitos. Edição espanhola publicada por cessão de direitos da Editorial Pa
Mexicana, S.A. (México)
Título original: *Los días y los libros*

COORDENAÇÃO EDITORIAL Márcia Leite e Leonardo Chianca
INDICAÇÃO Dolores Prades
REVISÃO Ana Luiza Couto
PROJETO GRÁFICO E DIAGRAMAÇÃO Mayumi Okuyama
IMPRESSÃO Santa Marta

A edição deste livro respeitou o novo
Acordo Ortográfico da Língua Portuguesa.

Dados Internacionais de Catalogação na Publicação (CIP)
(Câmara Brasileira do Livro, SP, Brasil)

Halfon, Daniel Goldin
Os dias e os livros / Daniel Goldin Halfon;
tradução: Carmem Cacciacarro. – São Paulo:
Editora Pulo do Gato, 2012.

Título original: Los días y los libros
Bibliografia
ISBN 978-85-64974-21-0

1. Hábitos de leitura 2. Crianças – Livros e leitura 3.
Jovens – Livros e leitura 4. Literatura infanto-juvenil –
Estudo e ensino I. Título.

12-04726 CDD–028.55

Índices para catálogo sistemático:
1. Crianças: Livros e leitura 028.55
2. Jovens: Livros e leitura 028.55

1ª edição • 4ª impressão • março • 2023
Todos os direitos desta edição reservados à Editora Pulo do Gato.

pulo do gato | Rua General Jardim, 482, CONJ. 22 • CEP 01223-010
São Paulo, SP, Brasil • TEL.: (55 11) 3214 0228
www.editorapulodogato.com.br • gatoletrado@editorapulodogato.com.b

Sumário

6   *Livros sobre livros*
    por Ana Maria Machado

12 Algumas palavras para saudar esta edição no Brasil

16 Prólogo

24 Os dias e os livros

38 A paternidade e os livros

48 A invenção da criança

88 Estrangeiros no mundo

108 No meu princípio está meu fim

124 Continuidades e descontinuidades

144 A debilidade radical da linguagem

170 Bibliografia

174 SOBRE O AUTOR

Livros sobre livros

por Ana Maria Machado

Livros sobre livros estão na ordem do dia. Como foi um assunto que sempre me interessou, cada vez que eu encontrava uma obra dessas numa livraria tratava de folhear e acabava levando para casa. Ou quando tomava conhecimento de alguma referência bibliográfica nessa área, a despertar minha curiosidade, tentava me informar mais e muitas vezes a incorporava também a meu acervo. Aos poucos fui percebendo que a coleção crescia e cada vez eu precisava de mais espaço nas estantes para esses livros. E nem tudo valia a pena. Embora alguns títulos fossem excelentes, comecei a notar que o tema principiava a virar moda e, com isso, vinha o risco de haver uma proliferação de textos superficiais, repetitivos, óbvios.

Nesse panorama, é com muita alegria que saúdo a chegada ao Brasil desta obra do mexicano Daniel Goldin, *Os dias e os livros*, que há alguns anos eu já lera em espanhol com muito gosto. Agora, numa releitura, confirmo suas qualidades, seu pensamento original, sua coragem em fazer um questionamento crítico em profundidade, avançando por um terreno em que tantas vezes as boas intenções escondem equívocos ou um jargão da moda teórica do momento serve apenas para encobrir o vazio.

Este livro de Daniel Goldin não é apenas mais um livro sobre livros. Vai muito além de qualquer olhar superficial, trazendo sempre uma reflexão instigante, capaz de despertar no leitor a vontade de se recolher um pouco, talvez fechar os olhos e se autoexaminar, convidando a uma dinâmica que envolve pensar, questionar, lembrar, tentar julgar isentamente, para só depois concordar ou refutar.

Algo que impressiona em *Os dias e os livros* é a coerência e unidade revelada por essa coletânea de artigos e conferências pronunciadas em circunstâncias diversas, às vezes de encomenda, sobre temas predeterminados por organizadores de congressos, e diferentes entre si. Saúdo muito especialmente alguns desses aportes do pensador mexicano, que eu gostaria de destacar. Sugestões que ficaram comigo desde que as li, aflorando de vez em quando — não exatamente como respostas, mas como maneiras de suscitar novas perguntas ou encarar possíveis caminhos.

Antes de mais nada, celebro o conceito de hospitalidade que Daniel associa à leitura. Acho que o uso dessa palavra é uma escolha feliz. Introduz imediatamente a ideia de acolhimento. E de celebração de um encontro. Não é de admirar, portanto, que as reflexões de Goldin se iniciem com memórias de sua história leitora desde a infância e adolescência, sublinhando o caráter de compartilhamento que as acompanhava. Esse aspecto me parece essencial na relação com a leitura e eu já dera alguns depoimentos nesse sentido, tanto em conferências quanto no meu livro *Esta Força Estranha*. Não só a gente se lembra dos livros que foram marcantes e das circunstâncias em que foram lidos. Mas sabemos perfeitamente que essas leituras faziam parte de uma espécie de rede de conversas e indicações entre amigos, que depois passa a se reforçar pela vida afora. Há uma generosidade intrínseca nessa necessidade de dividir com os outros o que se está lendo, em incorporar as amizades e afetos a essa vida paralela que vai sendo constituída à medida que lemos. Esse compartilhamento faz bem a todos os envolvidos.

Mas Daniel Goldin vai mais além e passa a uma segunda etapa da análise dessa hospitalidade. Estabelece um paralelo instigante entre os livros e a paternidade (ou maternidade), ao examinar esse fecundo encontro com uma voz alheia em que nos reconhecemos mas que nos conduz de surpresa em surpresa.

No desenvolvimento desses pensamentos iniciais, é natural que o autor passe a examinar outros temas, relacionando-os com essas premissas. Ao focalizar a invenção da criança, em suas digressões em torno à história da literatura infantil e da infância, insiste sobre os encontros de pais e filhos a partir de livros e narrativas. Por um lado, destaca algumas constantes já apontadas por Bettelheim, como a continuidade das estruturas psíquicas dos meninos e meninas ou o caráter intemporal da estrutura literária dos contos de fadas. Mas, por outro lado, refuta uma visão idílica dessa transmissão oral tradicional ao pé do fogo, relembrando a violência e a crueza de linguagem que caracteriza essas histórias populares tradicionais — recontadas por mestres ou transmitidas oralmente.

Tais observações lhe permitem chegar a comentários muito pertinentes sobre a literatura infantil contemporânea — em especial quando se detém sobre a recriação efetuada pelo leitor, já que a linguagem não é unívoca nem transparente, e com isso dá direitos e poderes a quem lê. Esse diálogo potencial entre adultos e crianças por meio da literatura infantil, segundo ele, representa uma esperança, como nenhuma outra criação cultural, porque pode propiciar uma redefinição da relação entre eles, a partir de um território liberado da linguagem, com uma redistribuição de poderes não mais baseada no autoritarismo adulto. Sem dúvida, uma hipótese das mais instigantes a ser aprofundada com carinho.

E Goldin segue por aí afora, examinando o multiculturalismo, a diversidade e a formação dos leitores e lembrando que somos todos estrangeiros no mundo. Ou, a partir de sua longa experiência como editor, olhando com uma lupa os desafios da indústria editorial na chamada construção de leitores, a insistir em dar ênfase às novidades descartáveis, subordinando os conteúdos ao marketing, e priorizando o imediatismo e a lógica econômica

— males contra os quais advoga, mais uma vez, a necessidade de que o editor seja hospitaleiro em relação ao leitor.

O livro culmina com dois textos primorosos. Num deles, Daniel examina a formação dos usuários da cultura escrita, amorosamente respeitando a cultura oral enquanto focaliza as diferenças, descontinuidades e continuidades entre as duas. No outro, de minha especial predileção e ligado ao mesmo tema, fala no que chama de debilidade radical da linguagem. Explora a confiança na palavra escrita de uma forma apaixonada mas absolutamente lúcida, podando os pensamentos ocos e as frases feitas que tantas vezes giram em torno ao assunto. Aí quem fala já não é mais o editor, mas o poeta e pensador rigoroso que Daniel Goldin também é, e que recusa com veemência e paixão a visão da linguagem escrita como instrumento dominador, destinado à formação alheia ou mera ferramenta de comunicação ou, pior ainda, como marca de superioridade de letrados sobre não letrados. Mas a vê com a força de sua fraqueza : o mais poderoso instrumento humano para dar sentido, o que faz com que seja cambiante e polissêmica, inevitavelmente aberta a novos significados.

O leitor pode concordar ou não. Mas, como verá neste livro, vale a pena acompanhar a argumentação de Daniel Goldin a favor dos pontos que levanta, a caminho das conclusões a que chega. Venha seguir uma inteligência lúcida em ação. É um fino prazer.

Algumas palavras para saudar esta edição no Brasil

Seis anos apenas se passaram após a publicação da primeira edição deste livro. Mas que anos! Com que ritmo frenético estão acontecendo mudanças no campo da cultura escrita!

Talvez devesse aproveitar esta tradução para tentar sintonizar os textos com os temas que atualmente saturam os discursos sobre a leitura, e que, na edição original, apenas se insinuaram. Optei, entretanto, por fazer apenas algumas pequenas correções e precisões pontuais, e deixar o livro tal e qual foi publicado. Quem sabe, ressaltando o distanciamento ao que é mais recente, torne-se mais atual e ainda vigente, pelo menos assim me pareceu.

O que caracteriza o mundo atual é sua crescente velocidade. Diariamente, vemos como são erguidos e derrubados, em instantes, companhias, países, impérios. Para se construir um lugar neste cenário turbulento, cada novo protagonista precisa acreditar que tudo o que veio antes deve ser deixado para trás e, principalmente, que para se habitar o presente é necessário comprar ou aprender algo que supere tudo o que existia anteriormente... (que naturalmente também será superado dentro em pouco, mas disso não se fala). Em consequência, esses discursos acabam por provocar mais aceleração e intranquilidade. Acentuam a sensação de vulnerabilidade e instabilidade, dificultando o pensar.

Ao reler os textos que integram este livro evidenciei duas estratégias de aproximação em relação ao presente que são diametralmente distintas. Na primeira, faço um convite para que se observe a cultura escrita (e a literatura para crianças e jovens) a partir de uma perspectiva em longo prazo. Na segunda, detenho-me naquilo que se repete no presente, sempre igual e sempre diferente, a cada vez que defrontamos com o outro. Afirmo que esse encontro acontece ao abrirmos as páginas de um livro, mas também ao enfrentarmos um outro olhar e, certamente, ao receber uma criança no mundo, o encontro mais radical com o outro, precisamente por sua proximidade e extrema vulnerabilidade.

Da primeira, origina-se a vinculação da literatura para crianças e jovens à educação leitora como um processo civilizatório, um processo em aberto no qual nós, homens, aprendemos a autocontrolar nossos impulsos, a tornar nossos atos mais previsíveis e o mundo mais habitável. Da segunda tem origem a hospitalidade. Uma sutil aposta política que foi tecida ao entrecruzar essas duas linhas de forma quase invisível, mas que atravessa as páginas deste livro.

Ao contrário daqueles que insistem na atualidade para forçar uma escolha, a proposta deste livro é abrir um espaço para o pensar. E tenho confiança de que também permita relembrar o que é essencial.

É bem provável que, em razão do aparecimento de novos suportes e da multiplicação de usos e usuários da palavra escrita, o livro perca, no futuro, o papel central que ocupou durante séculos e que o mundo que habitamos se torne ainda mais complexo e imprevisível.

Aguardo com curiosidade e interesse o que pode acontecer a este livro quando for lido em outra língua, em um país em que a leitura e a educação começam a assumir uma grande importância política.

Daniel Goldin
fevereiro de 2012

Prólogo

Em uma conferência comovente, Federico García Lorca confessa que ele "não fala", mas que sempre lê todas as suas conferências, "pois a oratória é um gênero no qual as ideias se diluem tanto que delas apenas sobra uma música agradável, e o restante é levado pelo vento". O poeta pensava que, ao escrevê-las, suas conferências seriam mais duradouras e constantes e poderiam "servir de ensinamento a pessoas ausentes".

A maioria dos textos que incluí neste livro foi escrita para que fossem lidos como conferências. Ao revisá-los para publicação, percebo neles a consciência de que, embora fixada no papel, a palavra escrita é também a filha mutável do tempo e, portanto, uma espécie de vento, e que saber disso nos previne de algumas ilusões oriundas de sua suposta constância, como a de ensinar aos ausentes.

Já é lugar-comum dizer que o livro e a cultura não são, em si mesmos, moralmente valiosos, que a poucos metros dos fornos crematórios os assassinos se deleitavam interpretando Schubert ou conversando sobre

Goethe. Mas é difícil abandonar a esperança na educação, que talvez não seja nada além da prática da esperança de fazer do mundo um lugar mais habitável.

Em 1988, quando seria pai pela primeira vez, recebi a tarefa de esboçar e dirigir o programa editorial para crianças e jovens do Fondo de Cultura Económica. Desconhecia praticamente tudo o que se refere ao campo da literatura para crianças e jovens, mas aceitei com gosto pela atração que me provocava a possibilidade de estabelecer um circuito que chegasse a um novo leitor e incidisse em sua formação como cidadão. Mais que os livros, interessavam-me os leitores.

E, produzindo livros, de repente me descobri como parte de um vasto e complexo movimento no qual instituições de diversas índoles buscavam, por razões nem sempre claras, formar mais e melhores leitores. Buscando esclarecimentos, em pouco tempo descobri também um campo de conhecimento em plena ebulição, relacionado com o cruzamento de várias disciplinas com a cultura escrita.

Nos textos que agora reúno, tentei conciliar esses campos, compreender, analisar ou definir inquietações e desejos, práticas e propósitos, próprios e alheios, à luz desses conhecimentos. Ao lê-los, me dou conta de que há inquietações constantes que acreditava reservadas aos recônditos mais íntimos e à minha criação poética. Talvez a fronteira entre o público e o privado seja mais permeável do que pensamos. De qualquer forma, é uma prova a mais de que o que permanece são as perguntas mais profundas, e não as respostas mutáveis que damos.

Redigir uma conferência é, entre outras coisas, ampliar e enriquecer o caminho para um suposto ouvinte. Quando o fazia, o que mais me animava era imaginar esse público e suas perguntas. Agora que as publico, o leitor é que me preocupa e me é difícil de imaginar. Certamente, não espero dar nenhuma lição aos ausentes: já me contentaria em estimular alguns outros a ampliar e enriquecer suas próprias travessias. Não encontro forma melhor de transitar.

D. G.

Agradecimentos

Este livro está em dívida com algumas obras e pessoas. Para começar, com dois autores que inicialmente li com verdadeira paixão e, a seguir, os publiquei: Emilia Ferreiro e Roger Chartier, que são, por si só, estrelas de primeira grandeza. Com o grupo que me acompanhou no Fondo de Cultura Económica, abrindo espaços para a leitura e para tantas outras coisas, quando então o sentido das instituições públicas era mais claro. Com Elisa Bonilla, que leu pela primeira vez o manuscrito. Com Gabriela, Pablo e Ariel, meus três primeiros filhos, e com Andrea Marcovich. Com Laura Lecuona, sua paciente e meticulosa editora, e com Karen Coeman. A todos eles, meu amor e meu agradecimento.

Os dias e os livros

Divagações sobre a hospitalidade da leitura

Os dias e os livros

Embora minha paixão pelos livros esteja se tornando cada vez menos compulsiva, ainda hoje acho difícil imaginar um prazer mais completo que a leitura. Os livros sempre estiveram próximos a mim como uma promessa, uma porta ou um cofre. Vivi rodeado de livros a vida toda. Acho difícil me imaginar sem eles e desconfio de uma casa que não os tenha.

Meu pai foi bibliotecário e, além disso, um ávido leitor. Por acaso do destino, minha mãe — que nunca foi uma leitora muito constante — também acabou trabalhando como bibliotecária escolar. Em minhas casas sempre houve livros, e na casa dos meus pais, além dos que já havia (e que eram muitos), o que se lia eram livros emprestados da biblioteca. Por tudo isso, sei que estive ligado aos livros desde a primeira infância, embora não tenha tido uma relação muito estreita com eles antes de aprender a ler: durante muitos anos, foram somente objetos que ocupavam um lugar na sala e, mais desagradável que isso, roubavam a atenção de meu pai.

Ao recordar esses primeiros anos, me vêm à mente apenas três títulos. O primeiro deles, a enciclopédia *Barsa*, do ano 1960, cujas páginas poucas vezes cheguei a ler, apesar de folheá-las por longos períodos. Durante muitas manhãs de grande fastio (fui uma criança que se entediava), contemplei suas fotos com verdadeiro deleite: o homem mais alto do mundo, os extravagantes automóveis projetados para a década futura, uma família com dezesseis ou dezoito filhos alinhados em fileira. Recordo especialmente da fotografia de Laica, a cadela russa que foi lançada ao espaço em uma viagem sem volta. Talvez tenha me iniciado na leitura recreativa lendo as legendas das fotos desse livro, após haver repetido até a exaustão as estúpidas aliterações com as quais me ensinaram a ler. Outro livro daquela época é um título em hebraico de cujo nome não me lembro, com fotografias em sépia e preto, sobre uma menina, um menino e uma mascote. Sei que nunca o li, pois estava em hebraico, e por isso suponho que o que guardo sobre ele me tenha sido contado por meus pais, embora só me lembre de minha mãe fazendo isso. Creio que era uma história triste (e com que prazer eu ouvia as histórias tristes!), mas não me recordo de mais nada. Talvez ela tenha sido contada poucas vezes, e depois a tenha recriado livremente, ao contemplar as fotografias. O terceiro título que resgato era um livro muito grosso com o qual minha mãe estudava inglês na época em que minha irmã e eu frequentávamos o jardim da infância.

Devia ser uma antologia de leituras. Em uma página havia umas ranhuras pelas quais se podia introduzir uma tira com ilustrações. Não guardo na memória nenhuma história, mas tenho muito viva a imagem de minha mãe sentada na cama, com o livro sobre as pernas, enquanto minha irmã e eu pedíamos que ela movesse a tirinha. Provavelmente nesse livro (ou então em algum outro de seus cursos de inglês) também havia um texto que falava da conquista do Everest. Ainda posso me lembrar das imagens de Hillary com sua barba perolada pelo suor congelado. Com que fruição me agradava imaginar seu sofrimento!

Talvez seja também dessa época, em que não podia decifrar o alfabeto, um livro publicado por Daimon sobre aventuras no zoológico. Incluía muitos contos cujos personagens eram diferentes animais enjaulados. Posso lembrar com nitidez das fotografias em preto e branco e de minha identificação com um chimpanzé, mas me esqueci dos contos. Sei que, durante muitos anos, meus pais os leram para nós.

Considerando sua formação de bibliotecário, meu pai, o principal leitor da casa, não costumava ler os clássicos infantis para nós, tampouco nos aproximava deles. Talvez porque sua própria infância tenha sido dura e pouco rodeada de afeto. Os contos clássicos de Andersen, de Perrault ou dos irmãos Grimm chegaram a mim, mas não sei como. Duvido que tenha sido por meio dos livros. Em compensação, meu pai lia para nós uma bela edição do *Livro da selva*, de Rudyard Kipling. Era um livro encadernado com tecido verde, com poucas ilustrações. Da trama dessa obra também retive muito pouco. Em contrapartida, ficaram gravados os nomes de seus personagens: Akela, Mogli, Kaa. Foi sempre uma leitura compartilhada com meus irmãos, talvez por isso tenha adquirido tanto peso. Era uma espécie de cerimônia durante a qual pactuávamos uma trégua para ouvir meu pai. Hoje penso que gostava não apenas do relato. Encantava-me sentir meu pai dessa outra forma, dedicado a nós. Enquanto lia em voz alta, sua presença se expandia até um território inóspito, longínquo e tentador. Sua figura crescia ainda mais, porque eu intuía que ele lia para nós algo que lhe era importante e que, por alguma razão, nunca explicitava, assim como tantas outras coisas que foram levadas para o túmulo. Sua voz nos abrigava sem revelar o mistério que sempre o acompanhava, trasladava-nos para o seu silêncio e o tornava habitável.

Tempos depois, por esse mesmo caminho, mergulhei na literatura buscando seu afeto e seguindo as leituras que ele me recomendava: todos os sábados, frequentava a biblioteca do clube de esportes da qual ele havia sido bibliotecário fundador. Tenho certeza de que meu pai acreditava que aquele era um caminho para que eu me aproximasse dele, para que penetrasse em seu mistério. Apesar disso, nossa distância se manteve até a sua morte; daí, talvez, minha dificuldade para fazer da leitura um prazer compartilhado. Entretanto, naquelas manhãs de sábado, os livros entraram verdadeiramente em minha vida: *Beleza negra*, *Huckleberry Finn* e *Tom Sawyer*, *A cabana do pai Tomás*, *O príncipe e o mendigo*, *Ivanhoé*, *Sem família*... Este último me comoveu como muito poucos. Acredito que porque falava de um menino sozinho no mundo, e era um verdadeiro esbanjamento de tristeza e sofrimento que, por algum motivo, me causava grande deleite. A identificação com o personagem me revelava minha verdadeira sensação de estar no mundo. Por meio dele eu me vingava do meu entorno. Talvez fantasiasse que todos morriam porque não me queriam ou não me acompanhavam como eu desejava. Posso recordar essas vivências que seriam elaboradas posteriormente. É possível que, com o passar dos anos, tenha aprendido a analisá-las detalhadamente, mas sua semente vem desde então, como um dardo que ficou cravado em mim.

Uma das experiências constantes de minhas leituras desde menino tem sido a multiplicidade de cenários em que elas acontecem. São pelo menos três. No primeiro, me concentro em seguir a trama e tratar logo de descobrir seu desenlace. Há outro em que, de soslaio, presto atenção às emoções que a leitura me provoca. Em meio a esses dois está um outro no qual desfilam imagens que vão sendo geradas espontaneamente pela leitura: um menino com uma trouxa nas costas e um cachorro (*Sem família*), as vielas nebulosas de Londres (*O príncipe e o mendigo*), um menino desventurado com calça puída e chapéu de palha (*Tom Sawyer*) etc. Geralmente, com o passar do tempo, não retenho quase nenhuma das tramas que procurei desvendar com tanto afinco. Em compensação, recordo melhor as emoções que os livros me provocaram e guardo com muita clareza as imagens que se construíram em minha mente. Por isso não deixo de me surpreender com minha pouca afeição pelos livros ilustrados.

Ainda que seja muito ligado à pintura e tenha me dedicado a ela, sempre evitava as novelas ou os relatos acompanhados por imagens, algo certamente estranho quando se pensa em minha trajetória como editor de livros álbuns. Na biblioteca que eu frequentava, havia várias coleções, com alguns títulos repetidos. Uma delas tinha uma parte narrada por uma série de ilustrações. Era a que menos me agradava: essa inclusão me parecia um desrespeito. Havia outras que tinham grande quantidade de desenhos e pouco texto. Eu sempre preferia as de muito texto e poucas imagens. As ilustrações raramente me pareciam ter o mesmo valor que as palavras. Em geral eu nem as relacionava com o texto. Não me lembro de observá-las enquanto lia. O Sandokán que navegava pela minha mente era mais vigoroso do que o dos desenhos. O único prazer que estes me proporcionavam era um descanso, representavam uma forma de medir meu esforço e, como prêmio, uma maneira mais rápida de vencer as páginas. Eu já padecia do eterno dilema que todos os leitores sofrem quando uma obra nos dá prazer: querer acabar rápido o livro e desejar, ao mesmo tempo, que ele nunca termine. Queria devorar os livros, embora soubesse que não havia deleite maior do que permanecer neles. Talvez por isso tenha me tornado um aficionado pelas séries.

A seção de livros infantis da biblioteca do clube estava classificada por coleções. Todos os sábados eu repassava as estantes e explorava as coleções até a última página. Depois, as séries foram organizadas por personagens: primeiro foram Tom Sawyer e Huck, depois veio Salgari e sua saga prodigiosa. Devo ter lido doze ou catorze livros grossos cujas tramas (novamente) se apagaram da minha memória. Depois foi a vez dos autores. Comecei com o ciclo Verne e miniciclos de pares de livros. B. Traven foi o primeiro autor que li com vontade de esgotá-lo, estimulado por uma leitura inicial, possivelmente reforçada por algum comentário sobre sua vida enigmática. Li *Ponte na selva* com o mesmo assombro que cheguei a reviver, há alguns anos, quando o publiquei. Li *Macário, Canastra de contos mexicanos, A rebelião dos torturados, O barco da morte, A rosa branca*, e comecei outros que não me lembro de ter terminado.

Ao acabar o primário, comprei pela primeira vez um livro com meu dinheiro. Foi o *Diário de Che na Bolívia*. Eu o adquiri porque, em uma estante do "Aurrerá", li um trecho que dizia algo como "13 de fevereiro. Dia de peidos, vômito e diarreia". Tinha visto as fotos do cadáver de

Guevara no *Excélsior*, de modo que me pareceu importante ter esse livro. Já nessa época eu lia jornal quase todos os dias. Imagino que, em parte, era (como ainda o é hoje) para ocupar o tempo, para participar de um contexto e para me achar um pouco mais, em ambos os sentidos da expressão. No sexto ano, li *Summerhill* e desejei terminar meus estudos na Inglaterra. Tinha decidido deixar para trás a infância (que pouco me havia dado), e os livros se mostravam uma boa escada para crescer e me fazer respeitar. Nessa época, frequentava a biblioteca da escola e retirava muitos livros que não terminava de ler. Gostava quando a bibliotecária me dizia que eram para adultos. Eu respondia que não importava: ler havia se tornado uma fonte de prestígio social, embora também continuasse sendo fonte de prazer e de inúmeras emoções.

Nessa época, a leitura recreativa era uma atividade dos sábados de manhã, e não das noites ou das tardes. Durante muitas manhãs de sábado, li *Os miseráveis*. Tinha sido recomendado pelo guia da organização juvenil que eu frequentava. Todo sábado à tarde ele nos relatava um capítulo; às vezes eu me adiantava, outras, ficava para trás, mas nunca um prazer anulou o outro. Suponho que daí tenha começado o prazer que mais claramente definiu minhas leituras de adolescência (e que ainda hoje considero um dos prazeres fundamentais na minha história de leitor, embora cada vez mais raro): compartilhá-las. Os amigos passavam a ser fontes de recomendação; era preciso ler para participar das conversas, que sempre me pareciam misteriosas, pois eu continuava a ler mais com o propósito de ter outra vida do que para aprender algo para a que vivia.

Lembro com clareza da leitura de *Noites brancas*, de Dostoiévski, durante uma viagem que fizemos, em cinco amigos, para a América Central. O livro era bem pequeno e, depois de alguns trajetos de ônibus, vários já o haviam lido. Quando concluí a leitura, um amigo me perguntou se eu concordava com as ideias do livro. A novela era uma defesa da tese que fora apresentada no parágrafo que eu acabara de ler há instantes. Mas, até aquele momento, eu não havia compreendido que era possível tirar conclusões dos livros. Vivia o que o autor me obrigava a viver, apagava a mim mesmo com a intensidade da narrativa. Era suficiente. Lembro a desilusão que experimentei quando tive de me distanciar da vivência para argumentar. Ainda hoje, tendo até aprendido a produzir leituras, fazê-lo me parece um esforço, uma invenção. Meu desejo mais intenso é o de me perder dentro das narrativas, esquecer-me de mim; e, embora reprove moralmente essa intenção, embora os desejos corram paralelos, esse costuma ser o primordial.

No curso preparatório, surgiram três coisas fundamentais que complexificaram e ampliaram notoriamente minha relação com os livros: li os primeiros livros de ensaios, livros especificamente para se distanciar e pensar, mas sobretudo para discutir; a realidade começava a se apresentar como uma ilusão que devia ser desvelada, o que não deixava, no entanto, de ser um mistério a celebrar.

Os primeiros amores surgiram junto com minha afeição pela poesia. Li até esgotar a coleção de poesia da Editorial Joaquín Mortiz. Lia no jardim da biblioteca, nos corredores da escola, no ônibus e em casa. Muitas vezes em voz alta. Ao contrário do que ocorria com a narrativa, nessas leituras o prazer era voltar, nunca avançar. Ainda hoje, de fato, raramente leio um livro de poesia do início ao fim. Abro uma página, pulo para outra. Volto ao poema que li vinte vezes, abandono outros no terceiro verso. A leitura de poesia daquela época (assim como a música que escutei e a pintura que admirei) determinou meu gosto estético. Posso voltar a ler esses poemas e encontrar neles um novo sentido ou continuar sem encontrar nenhum; contudo, eles não deixam de me atrair.

Na leitura da poesia vejo refletidas algumas de minhas vivências mais profundas, a sensação de que o tempo é um engano, a dificuldade de avançar em um eixo sintagmático, como diria Jakobson. E também a convicção de que aquilo que é verdadeiramente valioso nunca é compreendido por completo.

Na adolescência, surgiu o bicho da escrita. Frequentei a oficina de poesia de Alejandro Aura, na "Casa del Lago". Escrevia e lia para que me criticassem. Lia e ouvia meus colegas. Lia para expandir minha escrita. Lia, e escrever era um prolongamento da leitura.Talvez preferisse que a relação entre ler e escrever não fosse tão próxima. Teria preferido ler simplesmente pelo prazer de fazê-lo, de recordar e conversar. Mas, desde que comecei a escrever com alguma seriedade, esse prazer não me foi concedido, e aos três cenários da leitura foi acrescentado outro: o texto paralelo, o bicho-da-seda que desperta e quer tecer sua própria rede, contagiado pelas palavras de outro. Para ser sincero, devo dizer que muitas vezes, enquanto escrevo, quero me levantar para ler. Nesse ir e vir da escrita para a leitura, e vice-versa, as duas atividades se transformaram, perderam um encanto e ganharam outros. Perderam o encanto da ingenuidade e da inocência, ganharam os de uma compreensão mais profunda de suas leis. Nada me agrada mais do que trabalhar e retrabalhar um texto nessas idas e vindas de um silencioso diálogo com os mortos e comigo mesmo. Entrar em uma cozinha é muito mais que aprender a ler ou escrever, é compreender o passar do tempo de outra forma. Talvez, a partir dessa descoberta, minha relação com os livros tenha se tornado menos compulsiva.

Hoje, ler e escrever são para mim duas formas do pensamento, da comunicação, de habitar, de evitar, de construir e de afastar-se do mundo. Interessa-me mais a relação destas formas com esse estar e, mais que o objeto livro, o sujeito que lê ou escreve. Talvez porque tenha me dado conta das muitas maldades que se podem esconder com os livros, da inutilidade de acumulá--los (embora continue gostando de comprá-los e de possuí-los), da banalidade de lê-los sem fazer uma leitura apropriada. Como compreendi com maior clareza a profundidade da leitura, sei que ela tem limites: não se pode ler tudo, nem sempre. Por várias vezes tentei ler *Aurelia*, de Gérard de Nerval, mas não consegui avançar mais de dez páginas.

No princípio deste texto, falei dos livros como promessas, como portas, como cofres. Não falei dos livros como convite à viagem, nem como uma viagem em si mesma. Quando, aos dezenove anos, deixei o México levando uma mochila com duas mudas de roupa e vinte quilos de livros, descobri que esse convite podia incidir na realidade. Viajei para a Europa por ter lido Nietzsche, Cortázar, Breton. Ao chegar a Paris, a cidade já me parecia conhecida. Havia chegado antes com os livros. Mas nunca se cumpriu o que eu esperava ao lê--los. De fato, poucas vezes as promessas foram cumpridas, as portas foram transpostas ou o cofre me permitiu chegar ao verdadeiro tesouro. E, ainda assim, quando o consegui, a completude foi efêmera. A dimensão que os livros iluminam é a da incompletude e da promessa de acalmá-la. A armadilha que nos colocam é que só se pode chegar com sua própria matéria, a linguagem. Por que continuo tão ligado aos livros se sei que são uma armadilha? Talvez porque com e por eles entendi algo inerente à nossa condição: que nossa única morada é fugaz e esquiva. Que movermo-nos é a forma que temos de criar raízes. Não pertencer a ninguém, não ter sentido e não conseguir deixar de produzi-lo.

A paternidade e os livros:
divagações sobre a
hospitalidade da leitura

Quem ou o que é esse estranho que emerge das profundezas provocando em mim tamanho desconcerto e, ao me fazer vê-lo como a um estranho, simultaneamente me oferece sua hospitalidade? Se não fosse porque é meu filho, se não fosse porque é minha voz...

Ligando imagens e lembranças, exploro uma ilusão antiga e poderosa: a associação entre os livros e a paternidade é uma aposta na permanência avalizada pelo ditado "plantar uma árvore, ter um filho, escrever um livro".

∎

Muitas pessoas me descreveram a intensidade do primeiro encontro com um filho, mas apenas meu amigo Mauricio Merino me falou de uma experiência talvez mais forte, embora sem dúvida menos encantadora, que acompanha esse primeiro encontro: o estranhamento.

E assim aconteceu. De repente, quando me dirigia até a sala de parto, compreendi a singularidade do encontro que estava prestes a acontecer. Essa era a primeira vez na vida em que, antes de conhecer a pessoa que encontraria em poucos minutos, já podia assegurar-me de que estava por iniciar uma relação para toda a vida, e até mesmo depois.

E, no entanto, quando tomei Gabriela nos braços, descobri que estava diante de um estranho muito mais estranho que qualquer desconhecido, pois nem mesmo podia compreender sua linguagem, para, de algum modo, dar nome a seu choro, seus gestos e suas queixas. "O que você quer? O que está tentando me dizer? Está dizendo alguma coisa?", perguntei-me, como já se perguntaram milhões de pais antes e depois de mim.

Diante de mim descortinava-se uma paisagem plana. Tinha de começar a construir tudo, mas, antes de mais nada, precisava aprender a me comunicar com ela. E seria apenas isso?

∎

O mais óbvio seria considerar que o estranho era a pequena criatura que chorava, gemia ou sorria, num processo acelerado de aprendizagem, e que, tão logo decifrasse suas diferentes maneiras de expressar desejos ou desconfortos, o assunto estaria encerrado ou, pelo menos, encaminhado. Mas, na realidade, a questão era muito mais complexa. Essa pequena criatura já exercia seu poder sobre mim. Imediatamente após o encontro, havia me convertido num estranho para mim mesmo.

O nascimento de um filho é um *re-nascimento*, um *re-viver*, *re-lembrar*, *re-tornar*. Embora incapaz de sobreviver por si mesma, a criança recém-nascida tem a força para *re-colocar* o adulto em um lugar a partir do qual pode observar, de uma maneira inédita, seu passado e seu futuro. Alguém que se *des-conhece* e *re-conhece* os outros, se *re-conhece* nos outros. Em gestos, em pessoas, em episódios esquecidos ou, agora se descobre, incompreendidos.

A pessoa vai pelo filho e se encontra nos pais, e quando vai pelos pais acaba se encontrando consigo mesma na metade do caminho entre as gerações, como uma engrenagem em uma cadeia interminável que submerge no esquecimento. E descobre que é apenas uma imagem sujeita a infinitas interpretações. Assim como a escrita.

∎

Quem não teve intenção de curar feridas antigas e secretas ao ter um filho? Quem não tentou evitar mágoas ou sofrimentos inúteis para o filho?

A chegada de uma criança está carregada de ansiedades e antecipações. Do que se quer fazer com ela e por ela. E também, e com a mesma intensidade, o que se quer evitar para ela. Por esse motivo, todo pai cuida com especial atenção dos gestos, das ações e das palavras que dirige aos filhos. Como quando compramos um lindo caderno de papel fino e delicado e nos preparamos para usá-lo. Ou até pior, porque, com um filho, ignoramos as coisas que irão permanecer ou se apagar.

∎

Que golpe terrível sofremos ao descobrirmos que os filhos recordam as coisas que queríamos que apagassem, que esquecem os gestos feitos com meticulosa atenção ou leem os acontecimentos de modo divergente e destruidor! Por mais que se cuide deles, por mais que se esmere, a história que se constrói com o outro será outra história, a do outro, e a oportunidade de reescrever a própria história. Como o texto que se publica. Será um só, mas distinto para cada um de seus leitores.

A escrita me permite permanecer sempre em mudança, reinterpretado. Antes de qualquer coisa, acrescenta uma nova disponibilidade para o mundo.

■

Quantas vezes antes, quantas vezes depois, lemos em voz alta para alguém todos os dias? Atualmente, a imagem da leitura em voz alta está associada principalmente às vivências familiares: um adulto com uma criança no colo. Com um braço, segura um livro, com o outro; circunda o filho. Cria-se um círculo que acolhe uma voz que vem de longe, de muito longe. Embora seja a mesma voz que, ao longo do dia, demarcou os limites e nomeou o que é cotidiano, agora vem de muito longe.

O círculo é uma proteção e uma janela. Ler para alguém é abrir um espaço que quebra o tempo regular, que dá serenidade, que permite a chegada de uma brisa fresca na casa. Também, e fundamentalmente, é dar poder ao outro para que seja outro, num duplo sentido: diferente de nós e diferente de si mesmo. E se esse alguém é, e se esse alguém é sendo um outro, e esse alguém é, deixando ser e deixando de ser.

■

A autonomia na relação das crianças com os livros se manifesta muito cedo. Penso, por exemplo, na escolha de livros. Todo adulto tem ideias (frequentemente equivocadas e em geral contraditórias) sobre os melhores livros para as crianças. As crianças também as têm (com frequência muito mais claras e menos conflituosas que as dos adultos). Nós, os especialistas, costumamos ter ideias mais ou menos fundamentadas a respeito de suas predileções. Sabemos, por exemplo, que as crianças gostam de qualidade, de imagens claras etc. Mas há sempre algo de surpreendente em suas escolhas. E quando acontece algo verdadeiramente importante com a leitura, não se escolhe o livro, mas se é escolhido por ele.

Somente o pai que propicia o livre acesso das crianças aos livros presencia a rica experiência de ver seu filho escolhido por um livro, como se cumprisse o desígnio secreto impresso em suas páginas. Por exemplo, quando uma criança deseja voltar uma e mais outra vez a um texto. Ao contrário do adulto, que se mostra interessado por novos livros, o pequeno gosta de repetir, talvez porque, para ele, o mundo seja sempre novo e, diante dessa novidade, a repetição do texto ofereça uma espécie de segurança, ao passo que, para o adulto, a novidade provoca a ilusão de mudança.

Por mais que a intelectualizemos e a compreendamos, a repetição de um texto que foi escolhido para seu filho pode ser um pesadelo. Ainda mais quando você não compartilha do mesmo gosto.

■

Talvez para evitar o pesadelo de reler a horrenda tradução de um texto dinamarquês pavorosamente ilustrado que havia *escolhido* para Gabriela, durante um bom tempo abandonei a leitura de livros e passei a narrar para minha filha contos que eu mesmo inventava, isso para chamar de alguma forma as precárias narrativas que eu improvisava a partir de recortes de outros contos dos quais mal me lembrava.

Nada me impressionou mais do que a generosa atenção que minha filha dispensava a essas histórias malfeitas: não conseguia entender como relatos tão medíocres podiam agradar a ela. Por esse motivo, certa noite, resolvi levar a situação ao extremo.

Comecei introduzindo palavras estranhas, sem nenhuma relação com o contexto da história e que tinha certeza de que ela não conhecia. Nas noites seguintes, fui incrementando a quantidade desses termos até converter a narrativa em um absurdo encadeamento de palavras, incompreensíveis para ela e para qualquer adulto que me ouvisse, inclusive eu mesmo. "A hipotenusa hipostasiava eucaristicamente algoritmos circunflexos e vicários."

Nada fazia sentido, e provavelmente até mesmo o ritmo de minha narração devia soar como uma verdadeira música de pedras e de ferrugem, pois tropeçava a cada instante a fim de não transgredir as únicas regras que me havia imposto: que nada tivesse sentido e que o relato fosse composto de palavras totalmente estranhas e desconhecidas. Ao finalizar cada narração, perguntava a ela se havia gostado da história e se queria outra. Em todas as noites em que realizei essa estranha cerimônia, a resposta foi a mesma: "Sim".

O que conduzia Gabriela ao sono? Que experiências de sentido? Como compreendia e processava esses relatos? Eu ignoro. Num ritmo fragmentado e trôpego, uma voz entoava uma narração absurda, mas ela dormia contente.

Muitos anos depois, ainda me pergunto o sentido dessa estranha experiência, um segredo entre nós, daqueles que por acaso repetem e atualizam um mistério profundo: a fascinação pela voz. No final de tudo, é uma voz — silenciosa, mas sempre uma voz — que nos acolhe nos textos.

■

Quem ou o que é esse estranho que emerge das profundezas provocando em mim tamanho desconcerto e, ao me fazer vê-lo como a um estranho, simultaneamente me oferece sua hospitalidade? Se não fosse porque é meu filho, se não fosse porque é minha voz... Fala e escuta — parece dizer-me. Permanecerá desde que mantenha essa cadeia que sempre vai e nunca volta. Será estrangeiro e terá abrigo enquanto escutar esta voz que te expulsa de ti e te oferece refúgio.

■

Sem dúvida, ao contar histórias, oferecemos às crianças um arsenal de vivências e de personagens para brincar de viver. São como tapumes com os quais construirão casas, cidades e avenidas onde morar e por onde transitar. O mais decisivo, porém, durante esses anos, talvez nem sejam esses tapumes, mas a argamassa com a qual eles se sustentarão.

Talvez, antes da história, antes dos personagens e dos episódios que possamos combinar, esteja a voz que nunca sabemos de quem é, de onde vem nem para quem fala, que se desvanece ao aparecer e que, entretanto, está sempre ali. A voz que é e não é nossa, e que para cada pessoa é tão singular quanto as impressões digitais.

■

Quem sabe o horizonte da leitura seja apenas isso: uma linha tênue e distante onde o sol se põe ou se levanta, onde nascem, morrem ou renascem a claridade e a noite. E somos a noite e o dia. O estranho desamparado e o que acolhe e ampara, e também a casa onde esse encontro acontece. E não somos nada disso e somos alguém em busca de uma voz que nomeie e faça hospitaleiro esse vasto e indiferente território ao qual chamamos mundo.

A invenção da criança:
divagações em torno da história da literatura infantil e da infância

LER E ESCREVER ANTES E DEPOIS DE BABEL

No princípio era o verbo. Pelo menos essa é a ideia que, transmitida durante séculos pela tradição judaico-cristã, deu à palavra e a todo ato de linguagem um valor seminal e transcendente, que ultrapassa o plano da mera expressão.

Assim como relata o Gênesis, Deus cria o mundo por meio de sucessivos atos de linguagem. "E Deus disse: haja a luz, e houve luz" é o primeiro. Prossegue de maneira similar com a água, a terra, os vegetais e os animais. Após cada criação, Deus contempla suas obras, vê como são boas e então as nomeia.

Somente com o ser humano, sua criação final, estabelece um ritmo diferente. Criado à imagem e semelhança do ser divino, o ser humano participa da criação do mundo nomeando-o.

"Iahweh Deus modelou então, do solo, todas as feras selvagens e todas as aves do céu e as conduziu ao homem para ver como ele as chamaria: cada qual devia levar o nome que Adão lhe desse" (Gênesis 2:19).

Adão atribui um nome a todos os seres vivos. Esses nomes, por sua vez, são uma delineação precisa e total de sua própria essência. Não cabe nenhuma ocultação, e muito menos falsidade. Na linguagem de Adão não há sombras nem ambivalências.

Esse esperanto adânico — diz George Steiner — era tautológico com relação à verdade e ao mundo. Quer dizer, os objetos, as condições de percepção e de predicação que se encontravam na realidade correspondiam exatamente, ponto por ponto, como numa equação, aos termos usados para nomeá-los e descrevê-los.[1]

Talvez por essa primordial univocidade da linguagem, enquanto falaram uma única língua, os seres humanos puderam pensar em construir uma torre e rivalizar com o poder divino ao aceder às suas alturas, como se pode inferir do enigmático e breve relato de Gênesis 11.

No entanto, não somente na tradição judaico-cristã perdura a memória de uma língua única, primitiva e original. Steiner nos diz que os antropólogos e os etnógrafos encontram apenas uma única comunidade étnica conhecida que não apresenta reminiscências da existência de uma língua primordial da qual o ser humano foi separado brutalmente.

Seja pela ousadia humana de erguer uma torre na planície do vale do Sinai, ou pelo sacrifício de algum animal sagrado, como assinalam alguns povos ameríndios, as

---

[1] George Steiner, *Errata*, Lisboa, Relógio D'Água Editores, 2009.

diferentes culturas guardam em sua memória ancestral a lembrança de um desastre inaugural que faz essa língua primordial espalhar-se numa multiplicidade infinita de idiomas: vinte mil línguas diferentes, dispersas ao longo do planeta.

O ser humano nunca mais voltará a falar somente uma língua. Nunca mais estará em condições de se entender com todos os outros seres humanos. Cada língua estabelece um recorte singular sobre a realidade. Não há equivalências exatas. Toda tradução é simultaneamente traição e recriação.

Tal como nos chegou, o relato de Babel supõe, implicitamente, que toda a humanidade, unida por um propósito comum e por uma língua compartilhada, pôde efetivamente ter acesso a um terreno reservado ao ser divino, algo que se tornou impossível após o castigo, assim como ficou impossível estabelecer um propósito comum. O castigo é simultaneamente a multiplicação das línguas e a dissolução da primeira clara vinculação entre a palavra e a realidade.

Depois de Babel, falar é usar um instrumento ambíguo, pois nenhuma língua mantém a transparência da língua adânica. Essa é a raiz da confusão que marcaria dali em diante a comunicação entre os homens (lembremos que o termo *Babel* provém da raiz hebraica *balal*, que quer dizer "confundir"). Se fosse provocada somente pela multiplicação dos idiomas, sua dimensão seria significativamente reduzida. Porém, é um fenômeno que se dá no interior de cada língua, pois a linguagem não é somente um instrumento de comunicação: é uma fonte de mal-entendidos, de ambivalências, de obscuridades e de equívocos. Não há palavra, não há frase e, portanto, não há textos que possam ser entendidos da mesma forma por todos e por cada um dos falantes de uma língua em particular. Alguém diz algo e, inevitavelmente, quem o escuta entende outra coisa, pois a linguagem está cheia de história, impregnada de afetos, de ressonâncias, de lembranças. Cada idioma é uma corrente infinita e eternamente variável, sujeita a múltiplas tensões: por apreender a realidade, por demarcar sentidos, por vencer o inominável, por expressar os sentimentos ou as emoções, por tornar claro o turvo ou o ambivalente.

O problema é que o ser humano precisa do ser humano para sobreviver e, para conviver com seus semelhantes, necessita, incontestavelmente, da linguagem. Estamos condenados a perpetuar um drama, porque nosso instrumento é precário e ambíguo: há uma Babel no interior de cada idioma. A palavra é o lugar onde é encenada uma disputa contínua e oculta entre nossas diferentes avaliações do mundo, uma luta para interpretar e criar a realidade e participar dela. Com essa ferramenta precária e complexa, com esse instrumento arredio, ao mesmo tempo obscuro e luminoso, nós, seres humanos pós-babélicos, erguemos diariamente torres mais humildes que a ambiciosa torre da planície do Sinai; construímos a comunidade onde vivemos, o lar onde nos consolamos e nos reconfortamos mutuamente, o espaço onde buscamos e encontramos sentido. Como podemos construir com um instrumento tão frágil? Como fazemos para que tudo o que edificamos não desabe com ele? Só há uma resposta: falando, escrevendo, lendo; ou seja, gerando novos encontros e desencontros, choques e enfrentamentos, sucessivas aproximações a um sentido comum, a um espaço simbólico que envolva a totalidade de nossa vida.

Seja qual for a validade e a universalidade do mito babélico, não podemos negar que as mais diversas culturas conservam vestígios do estado inaugural da linguagem, corrompida depois pela história. O respeito que diferentes línguas e culturas conferem à palavra, e em particular à arte de nomear, denota com clareza a suposição de uma relação profunda entre a palavra e a coisa. Borges ilustra isso num poema memorável:

> Se (como afirma o grego no Cratilo)
> O nome é arquétipo da coisa,
> Nas letras de rosa está a rosa
> E todo o Nilo na palavra Nilo.

Para todas as culturas, dar nome é reconhecer um destino ou defini-lo. Para muitos povos, a relação com o nome é tão profunda que cada pessoa deve possuir um nome secreto que não deve ser pronunciado por ninguém, sob pena de perder a vida.

Contudo, ao dar nome não reconhecemos apenas a substancialidade da palavra e do real: *maldizer* é intervir na sorte de alguém para causar-lhe um dano; *bendizer* é protegê-lo. E poderíamos mencionar muitas expressões que nos remetem ao poder da palavra sobre o real.

Quando a palavra é também um corpo, quando se converte em escrita, a presunção de seu poder é muito maior. Por isso, em culturas como a árabe, a chinesa ou a judaica, é proibido escrever certos nomes. Ou, em sentido contrário, nessas e em muitas outras culturas palavras escritas são usadas como amuletos.

Na tradição judaica, talvez uma das que mais transcenderam a vinculação entre a palavra e o real, a suposição do poder da palavra não diminuiu com a catástrofe babélica. O termo *dabar* designa simultaneamente "palavra" e "coisa". Não há um termo que as diferencie; ambas estão unidas de forma indissociável. Talvez por isso os verbos "ser" e "estar" não sejam conjugados no presente: cada substantivo é e está. Portanto, se quero dizer, por exemplo, "Eu sou eu", devo repetir a palavra "eu" duas vezes: *ani ani*. Por esse motivo, os antigos cabalistas atribuíam o estado de declínio do mundo à existência de uma errata no texto divino.

Também encontramos ranços do vínculo primordial entre a palavra e o real em muitos fatos, costumes e crenças que perduram até os nossos dias. O respeito exacerbado pelos livros, a proibição — muito comum até alguns anos — de escrever neles, de sublinhá-los ou até de dobrar suas páginas. A atitude de muitos fanáticos ao queimar livros contrários às suas crenças revela que não apenas buscavam impedir que estes fossem lidos: pretendiam também limpar o mundo de algo que alterava profundamente o curso considerado "correto".

Entretanto, em nossa concepção de linguagem, existe uma dúvida. Há séculos que nós, seres humanos, oscilamos entre conferir uma qualidade ontológica à palavra ou contrapô-la ao ser ou à verdade.

"Words, words, words." "Palavras, somente palavras", dizemos com frequência para qualificá-las como instrumentos para enganar, adiar, esconder, iludir ou aturdir. Por isso, é comum ouvir frases como "Queremos fatos, não palavras".

Moscas mortas em um cemitério de páginas, patas de aranha em um caderno ou encadernações da verdade em uma folha de papel, o que são e o que podem ser as palavras que encontramos nos livros? São o corpo do espírito ou conchas ocas? Como são assimiladas por nosso corpo? De que maneira transformam nossa conduta e alteram nossas crenças? São tão poderosas como supõem aqueles que se entregam à redação de uma obra ou à formação de leitores, aqueles que dedicam a vida à defesa das bibliotecas ou à multiplicação de leitores? Qual é o valor da palavra escrita? Apenas se realiza ao ser lida? A leitura pode transformar um indivíduo e fazê-lo melhor como prometem as campanhas que incentivamos? Como e por que ocorre essa transformação?

As próximas páginas são a tentativa de responder a essas perguntas a partir de uma indagação sobre o pretenso vínculo entre duas histórias: a história da infância e a história da literatura para crianças.

Descarto de antemão qualquer paralelismo óbvio, a acomodação forçada dessas duas histórias para fazer que qualquer uma delas seja vista como resultado da segunda. Sem dúvida, isso nos levaria a criar uma ficção tola e pretensiosa, entre outras coisas, porque os objetos de qualquer uma delas — ou seja, as crianças e a literatura infantil — estão longe de ser objetos facilmente recortados.

O que chamamos de infância? O paraíso da inocência perdida, o reino do prazer e da brincadeira, o período da vida em que não dispomos de poder nem de responsabilidade? Quando termina e, sobretudo, como é vivida e entendida essa etapa são questões que variam em cada cultura e em cada momento histórico. Os parâmetros biológicos são apenas um pretexto, pois até mesmo as questões mais animais, como o desmame ou a idade de andar, apresentam determinações profundamente culturais.

A literatura para crianças também é um objeto complicado de se definir conceitualmente. Deveríamos nos remeter, como alguns manuais, às babás e aos acalantos? Começaria com os contos de fadas? Qualquer escrito para crianças seria literatura para crianças? Nenhuma dessas perguntas pode ser respondida sem ser submetida a uma discussão.

Vincular as histórias da infância e da literatura infantil é escrever a história do sentido extraído da literatura pelas crianças e, ao mesmo tempo, a história do significado que a literatura deu a inúmeros gestos, a vidas que não foram resgatadas por nenhum discurso; vidas que devemos intuir a partir de vagos indícios, pois um dos maiores problemas que a pesquisa historiográfica enfrenta nesse campo é a escassa existência de testemunhos ou fontes históricas.

Desde logo, devemos lançar mão da história da leitura, procurando que se converta em uma história geral dos usos da linguagem a fim de dar conta de duas continuidades habitualmente separadas: a continuidade entre a linguagem escrita e a linguagem oral (dizendo de outra forma, entre ler, escrever e falar) e a continuidade entre o espaço privado e o espaço público. Só assim poderemos compreender historicamente o sentido do silêncio e do dito, do compartilhado e do reservado, da forma como as palavras escritas vão readquirindo corpo nos atos e vivências de crianças e adultos.

Devemos responder antes: a que literatura estamos nos referindo quando falamos da relação entre a história da literatura infantil e a história das crianças? À leitura que os pequenos fizeram dos livros criados especialmente para eles? Ou devemos entender por leitura as apropriações que as crianças tenham feito de outra literatura que tenha estado ao seu alcance? E essas apropriações sempre ocorrem por meio da leitura?

Parece-me que, se queremos dar conta da forma como as crianças se constituem como sujeitos a partir do contato com a literatura, devemos colocar o acento na apropriação, e isso nos remete a um duplo movimento, proposto por Paul Hazard: a literatura roubada pelas crianças, embora não fosse escrita para elas, e a literatura desprezada pelas crianças, apesar de ter sido dedicada a elas, pois, como em todo processo de definição da identidade, tanto a apropriação quanto o repúdio são significativos. De fato, não podemos esquecer que ambos se dão numa multiplicidade de práticas culturais, e não somente durante leitura silenciosa de um livro.

■

A palavra "infância" vem do latim *infantia*, que significa "mudez". O infante é o *infans*, literalmente aquele que não fala (de *in*, "não", e *fans*, particípio ativo de *fari*, "falar"). O processo ao qual farei alusão mais adiante está diretamente relacionado à transformação de um sujeito que fala (talvez fosse mais correto dizer àquele que não se escuta) em um sujeito a quem se reconhece o direito de falar e se proporcionam condições para fazê-lo. É um longo processo civilizador no qual ainda estamos imersos. Tem suas origens no que Philippe Ariès chama de descobrimento da infância, ou seja, o momento em que se começou a perceber a infância como um estado singular e se conferiu um tratamento especial aos menores. É um processo longo, no qual a escola substitui a coabitação como um meio de aprendizagem.

Nesse sentido, podemos adiantar que a evolução da literatura para crianças deixou de ser uma literatura infantil, ou seja, uma literatura para ser ouvida e acatada (não para fazer falar), para uma literatura que busca ou propicia, de diversas formas, o diálogo, a participação ativa das crianças no mundo.

Para compreender a definição "simultânea" da infância e da literatura para crianças[2] é preciso considerar os espaços onde o vínculo entre ambas é estabelecido, as estratégias e as normas que os textos propõem, as formas de acesso aos textos ou aos relatos, as relações que estes estabelecem ou proporcionam com outros discursos e entre os diferentes atores sociais.

É necessário lembrar que o que hoje parece óbvio e natural (o acesso, na primeira infância, à leitura e à escrita) nem sempre foi assim; que, durante séculos, ler foi privilégio de poucos, entre os quais não figuravam as crianças nem as mulheres; que nem sempre quem sabia ler podia escrever ou vice-versa; que o sentido da alfabetização (para usar um termo muito discutível) tem

---

2 "Definição simultânea" talvez seja uma expressão exagerada para processos complexos. Em sentido estrito, a "invenção" da infância antecede a da literatura para crianças, que somente alcança seus suportes e formas modernos no século XVIII.

variado consideravelmente, razão pela qual é falacioso utilizar a mesma palavra para práticas tão distintas como as de um clérigo do século XII e de um leitor de jornais de nossa época.

Desde a sua remota invenção, a palavra escrita vem cobrando maior relevância nas práticas sociais. Utilizando-a de mil maneiras diferentes, temos transformado o sentido de atividades como ler e escrever. Ao me remeter à história, proponho-me a situar num horizonte mais amplo as atividades dos que trabalham com livros, crianças e leitura: na cultura, entendida em seu sentido mais extenso.

Afirmo claramente: reajo contra duas atitudes que persistem. A primeira, a segmentação, a compartimentação da cultura e o enclausuramento da literatura para crianças. Seu significado real apenas pode ser compreendido quando a situamos no constante replantio das relações entre adultos e crianças. A segunda, talvez mais frequente no meio dedicado à cultura para crianças, é a não historicidade: julgar o presente como eterno, óbvio, atribuído. Essa é, paradoxalmente, uma forma de extrair importância da atividade de formar leitores.

Sem dúvida, são muitos propósitos para uma conferência tão curta, mas creio que será possível esboçar com alguma clareza as linhas gerais. Proponho que comecemos por um conto, o conto dos contos de fadas.

Com frequência, os manuais situam os contos de fadas como ponto de partida da verdadeira literatura para crianças e invocam uma tríade de magníficos escritores: Charles Perrault, os irmãos Grimm e Hans Christian Andersen. Suas obras alimentaram o imaginário de milhões de crianças... e os bolsos de não poucos editores ou criadores de cinema, rádio e televisão.

Nesta explanação, vou me deter no primeiro deles. "Perrault não foi somente o primeiro autor de contos, mas o primeiro em importância que reconheceu a existência de um mundo peculiar para crianças", disse Bettina Hürlimann em sua obra clássica *Três séculos de literatura europeia*.[3] Seu livro, publicado em 1697 com o título *Histoires et contes du temps passé avec moralités* [Histórias e contos do passado com moralidades], antecede em cerca de cem anos os *Contos da infância e da família*, dos irmãos Grimm (o primeiro tomo foi publicado em 1812) e ainda mais a obra de Andersen, cujos primeiros contos foram publicados em 1837.

O simples fato de que tenha precedido por tanto tempo aos outros dois polos de nosso triângulo da eterna fantasia já o torna objeto de atenção. Por isso, dediquei-me a estudar as tensões que estimularam a

---

[3] Bettina Hürlimann. *Tres siglos de literatura infantil europea*, p. 44.

criação da literatura para crianças analisando sua aparição inaugural.

Bruno Bettelheim, um dos autores que mais influenciaram na atual valorização da literatura para crianças, não parece duvidar de seu valor imperecível: "Todas as crianças do mundo devem-lhe alguma coisa, seus contos nos introduziram em um universo encantado cuja magia nos permitiu soltar as rédeas da imaginação sempre que, como ocorria com frequência, as dificuldades da vida real ameaçavam nos destruir".[4]

Bettelheim sabe que Perrault não é propriamente o inventor dos contos. Sabe que os oito contos publicados pelo autor são provenientes da tradição oral e que, como acontece com a maior parte dos contos de fadas, "sua origem se perde na obscuridade que rodeia todos os grandes descobrimentos dos primeiros tempos da humanidade". Bettelheim também supõe que se ainda hoje meninos e meninas, pais e avós se deleitam com histórias como *Chapeuzinho Vermelho*, *Gata Borralheira* ou *Barba Azul*, por exemplo, é porque, em grande medida, este autor teve a ousadia de garantir sua sobrevivência ao introduzi-las no circuito da alta cultura, escrevendo-as em prosa e não em verso (algo bastante comum naquele período, ainda mais por Perrault se tratar de um acadêmico).

Em sua erudita pesquisa, Bettelheim encontra antecedentes de uma história do tipo de *Gata Borralheira* em um

---

4 Charles Perrault. *Cuentos* (introdução de Bruno Bettelheim), p. 9.

texto escrito na China, por Tuan Ch'eng-shih. De fato, de cada um dos contos podem ser rastreadas versões que datam de muitos séculos atrás. Mas, segundo a perspectiva de Bettelheim, sua antiguidade não diminui em absoluto seu valor ou sua atualidade. Pelo contrário, se "ainda hoje continuamos a acreditar neles assim como nos primórdios da história da humanidade, podemos considerá-los tão modernos como o gênero que mais o seja", assinala Bettelheim.[5]

Como tantos outros contos de fadas, os de Perrault falam às crianças de hoje e de sempre sobre seus medos mais ocultos, suas angústias mais recônditas, seus desejos mais secretos. "Não há nenhuma forma de angústia que, em qualquer conto de fadas, não se mantenha sob uma aparência dramática, e, por outro lado, todos os contos prometem que nos acalmaremos por nos libertarmos de nossas aflições [...], pois, por meio do seu final feliz, encontraremos a representação de nossas esperanças."[6]

A leitura de Bettelheim está marcada por duas constantes intimamente ligadas que me interessa destacar. Por um lado, a continuidade das mais profundas estruturas psíquicas das crianças; por outro, o caráter atemporal de sua estrutura literária, à qual me referi há pouco. Quem leu a obra de Bettelheim sabe o quão veemente

---

5 Ibidem, p. 13.
6 Ibidem, p. 16.

ele é em sua defesa do gênero, do valor da fantasia no desenvolvimento infantil e como, justamente por isso, critica ferozmente boa parte da literatura contemporânea dedicada às crianças.

Ao examinar seus comentários, é fácil imaginar uma ampla continuidade de serões nos quais pais e filhos compartilharam histórias sob o calor de um fogo, ou em um quarto, com a criança confortavelmente agasalhada entre as cobertas da cama e o pai ou a mãe sentados ao lado, lendo para ela até a chegada do sono.

Entretanto, quando nos aproximamos das versões originais de Perrault, é difícil conciliar essa idílica imagem intimista. E, mais que imaginar seus efeitos conciliadores de um bom sono, nos detemos na estranha familiaridade que o autor revela com o pesadelo. Sangue aos borbotões, violência física e verbal, desejos perversos, crueldade, incesto, fome e miséria até não mais poder, e expressos de uma forma tão crua que empalideceriam boa parte das puericultoras, mestras e bibliotecárias encarregadas dos programas de leitura para a infância.

Não há nenhum conto em que não apareça de maneira clara alguma forma de crime: antropofagia, homicídio premeditado e traiçoeiro, incesto e toda a gama de assassinatos em família: parricídio, matricídio, fratricídio e filicídio. E, todavia, nem sempre cometidos por ogros: em *Pele de Asno*, o marido amoroso promete à esposa agonizante que só se casará novamente com a mulher que a superar em beleza e inteligência, e permanece solteiro, pois ninguém consegue superar sua finada esposa em tais dons... Naturalmente, até que a filha de ambos cresce e, como boa filha, supera a mãe em todas as suas qualidades. Esse é o momento em que nossa pequena heroína deve fugir, coberta com uma horrível pele de asno, para salvaguardar sua integridade. Ou recordemos nosso querido Pequeno Polegar, herói de todas as crianças que alguma vez reconheceram a si mesmas como pequenos seres indefesos, ou seja, praticamente todos nós. O menor e mais frágil dos sete irmãos abandonados por seus amorosos e compassivos pais,[7] que os querem tanto que não conseguem vê-los morrer de fome, é também o mais esperto e, com seu talento, consegue enganar o esposo da ogra caridosa que lhe dá abrigo. Se encontrássemos o relato de suas artimanhas em uma notícia, ninguém duvidaria de que o mocinho deveria ser enviado a um reformatório, condenado por incitação ao homicídio, roubo e abuso de confiança, e não estou muito certo de que lhe valesse como atenuante alegar legítima defesa.

Para compreender inteiramente a obra de Perrault e sua importância em uma pesquisa comparativa entre a história da infância e a história da literatura para crianças, devemos mudar o cenário: afastarmo-nos de

---

7 Que o leitor não pense que há um fundo de ironia em minhas palavras. O abandono dos filhos era uma prática comum e não significava, necessariamente, desamor.

um quarto acolhedor, onde um pai se acomoda de um dos lados da aconchegante cama de seu filho com um livro na mão para lhe dar boa-noite, e colocarmo-nos em um cenário onde simplesmente não existe tal quarto e, sobretudo, a relação entre pais e filhos é completamente diferente da que conhecemos. Para começar, porque a maior parte das crianças das cidades não vivia com os pais.

Lloyd de Mause, psicanalista e historiador estadunidense, autor da polêmica *História da infância*, aponta o depoimento de Robert Penell, que, em 1653, queixava-se de que "mulheres de alta e baixa condição costumavam enviar seus filhos para o campo, confiando-os a mulheres irresponsáveis", e acrescenta que, em 1780, ou seja, mais de oitenta anos depois da publicação da obra de Perrault, segundo estimativas do chefe da polícia de Paris, das 21.000 crianças nascidas no ano, nessa cidade, 17.000 eram enviadas para o campo com criadas, 2.000 ou 3.000 eram levadas a hospícios, 700 eram criadas no lar por amas de leite e somente 700 eram criadas por suas mães.[8]

É necessário, portanto, que se investigue por outros ângulos. E nisso os historiadores não são maus conselheiros.

Robert Darnton aproximou-se dos contos de fadas a partir de uma perspectiva diametralmente oposta à

---

8 Lloyd de Mause, *Historia de la infancia*, p. 64.

de Bettelheim. Ao contrário de vê-los como uma prova convincente da atemporalidade das estruturas psíquicas profundas, encontrou neles fontes de singular valia para o conhecimento histórico.

"Os contos são de fato documentos históricos. Evoluíram durante muitos séculos e adotaram diferentes formas em diferentes tradições culturais. Em vez de expressar o funcionamento imutável do ser interior do homem, sugerem que as *mentalidades* sofreram mudanças", escreve Robert Darnton em seu impressionante ensaio "O significado de Mamãe Ganso".[9]

> Para compreender o significado dessa obra de Perrault, é necessário conhecer as formas de difusão e de socialização dos contos. Darnton assinala duas: por um lado, as *veillées* ou serões, reuniões noturnas, junto à lareira, onde adultos e crianças conviviam; os homens consertando suas ferramentas e as mulheres fiando, enquanto ouviam os contos que, trezentos anos depois, seriam registrados pelos folcloristas. Por outro, a convivência entre classes, provocada pela usual entrega das crianças para serem criadas por amas e aias. "Toda pessoa bem-nascida passava sua primeira infância com as amas, e as aias as divertiam, depois que aprendiam a falar, com *histoires et contes du temps passé*,[10] como Perrault as chamou em sua página de rosto,

---

9 Ibidem, p. 19.
10 "Histórias e contos de tempos passados". [N.T.].

ou seja, "contos de velhas". Embora a *veillée* perpetuasse as tradições populares das cidades, as amas e as aias foram o vínculo entre a cultura do povo e a da elite."[11]

Sob essa perspectiva, o que esses contos nos permitem compreender daquele mundo? Por que são tão valiosos como testemunhos historiográficos? Mostram-nos o sentido da vida, a forma como concebiam o mundo e manejavam imensas massas de analfabetos que desapareceram sem deixar maiores vestígios justamente porque não podiam escrever. Essas massas são o substrato a partir do qual construímos nosso presente, por mais que tenhamos nos distanciado delas. Por isso, conhecer a forma como viviam e concebiam a vida nos permite compreender o longo processo civilizador no qual estamos inseridos. A condição humana mudou tanto desde então, que se torna difícil imaginar como era o mundo e como essa gente o habitava. Darnton qualificava essa existência com três adjetivos: sórdida, brutal e breve.

Assim, a partir da leitura que Darnton realiza, os contos provenientes da narração oral, compilados na obra de Perrault, longe de velar sua mensagem com símbolos, retratavam verdadeiramente um mundo de brutalidade crua, ao mesmo tempo em que estabeleciam um espaço

---

[11] Robert Darnton. *La gran matanza de gatos y otros episodios en la historia de la cultura francesa* [A grande matança de gatos e outros episódios na história da cultura francesa], p. 71.

em que seus habitantes compartilhavam ou elaboravam experiências ordinárias. Insisto, essas práticas que consideramos ilegítimas e horrorosas eram comuns e aceitas.

Guiado por Robert Darnton, farei um breve relato do que significava a vida no período em que foram gestados os contos retrabalhados por Perrault.

No século XVII, 236 de cada mil bebês morriam antes de completar um ano, contra os vinte que morrem hoje. Ainda assim, 45 por cento dos franceses nascidos no século XVIII morreram antes de completar dez anos. Poucos sobreviventes chegavam à idade adulta antes que pelo menos um de seus pais morresse, e pouquíssimos pais conseguiam viver até o fim de seus anos férteis. Os matrimônios, que terminavam por morte e não por divórcio, duravam quinze anos em média, a metade do que duram hoje em dia na França. Um marido a cada cinco perdia a esposa e se casava de novo. As madrastas proliferavam por toda parte, mais que os padrastos, já que a taxa de segundas núpcias entre as viúvas era de uma a cada dez. Ainda que não fosse uma carga excessiva para a alimentação da família, um novo filho significava, com frequência, a diferença entre ser pobre ou indigente. Também podia ser a causa de penúria da próxima geração, já que aumentava o número de herdeiros quando a terra dos pais fosse repartida entre os filhos.

A família toda se amontoava em uma ou duas camas e se cercava do gado para se manter aquecida. Em consequência disso, os filhos tornavam-se observadores participativos das atividades sexuais paternas. Ninguém considerava que a infância fosse uma etapa particular da vida, claramente distinta da adolescência, da juventude e da idade adulta, com um estilo especial de se vestir e de se comportar. Os filhos trabalhavam com os pais quase tão logo começavam a caminhar, e se uniam à força de trabalho adulta como peões, serventes e aprendizes enquanto chegavam à puberdade. Os camponeses dos primórdios da França moderna habitavam um mundo de madrastas e órfãos, de trabalho cruel e de emoções brutais, cruas, reprimidas.[12]

À luz dessas observações, dificilmente poderemos supor que as desventuras e os personagens de *O Gato de Botas*, *A Bela Adormecida*, *Pequeno Polegar* ou *Chapeuzinho Vermelho* sejam imaginários ou meras projeções do inconsciente.

Podemos continuar sustentando que os contos representam simbolicamente os fortes conflitos da psique? É válido dizer, com Bettelheim, que eles suscitam as eternas perguntas filosóficas, e supor que as respostas que dão são apenas índices, que suas mensagens podem conter soluções, mas que estas nunca são explícitas?[13]

Estou convencido de que é certo o que ele sustenta se falarmos das crianças de hoje. Mas duvido que as crianças e os adultos de antigamente tenham encontrado soluções

---

12 Ver, ibidem, p. 36.
13 Ver ibidem, p. 67.

para seus problemas, porque eles os viviam como uma representação do universo cruel que era o seu habitat, não como uma mensagem simbólica. Sem dúvida, assim como nos dias atuais, os contos, e também outras criações culturais, revelavam a paisagem a partir da qual nós, seres humanos, construímos nossas vidas. Mas as saídas que estes nos oferecem são diversas, posto que os mesmos problemas que a vida propõe também o são.

Nesse sentido, parece-me mais verossímil pensar, com Darnton, que, para os narradores camponeses, os contos não eram apenas um meio de diversão ou entretenimento: "acreditavam que 'eram convenientes para pensar'. Reelaboravam-nos à sua maneira, usando-os para pensar. Nesse processo, infundiam aos contos muitos significados, a maioria dos quais se perdeu hoje em dia, porque estavam encravados em contextos e situações que hoje não podem ser recuperados".[14]

Suponho que seja claro que, ao contrastar ambas as leituras, não me propus a medir a qualidade leitora desses dois autores. Ambas as leituras são profundas, coerentes e enriquecedoras, mas partem de perspectivas diferentes. Bettelheim, psicanalista, por certo com extraordinária sensibilidade literária, fala das crianças de hoje e de sempre, e insiste no que permanece nos relatos que na atualidade conhecemos como contos de fadas. Darnton, historiador, nos mostra as profundas diferenças

---

14 Ibidem, p. 72.

entre aspectos da nossa vida cotidiana e das gerações que nos precederam, por exemplo, das relações entre o mundo adulto e o mundo das crianças. Essa questão já havia sido estudada por outros historiadores, mas não conheço nenhum outro caso que tenha utilizado como ponto de partida a literatura para crianças.

Infelizmente, Darnton não nos revela qual é o vínculo entre a criação, a difusão e a propagação da literatura para crianças e as transformações que ocorreram nas relações criança-adulto. E é sobre isso que quero começar a indagar, perguntando-me sobre a singularidade de Perrault.

Intriga-me, por exemplo, saber por que, apesar da obra de Perrault ter sido sucedida por outras obras literárias para crianças que aparentemente seguiam a mesma fórmula, nenhuma delas foi acolhida com o mesmo entusiasmo pelo público infantil, e hoje sejam apenas relembradas.[15] É significativo que a seguinte obra, que obteve

---

15 É o caso dos contos de Fénelon, publicados em 1718. Aparentemente, seguiam a mesma fórmula de Perrault: a adaptação de uma "história de velhas", acompanhada de uma moralidade. "Embora notáveis pelo conhecimento da criança que trazem consigo, pela escolha dos detalhes e pela destreza de sua estrutura, estes relatos envelheceram na medida em que são uma expressão demasiado direta e demasiado insistente das concepções morais e pedagógicas de uma época", como assinala Marc Soriano em sua incomparável obra *La literatura para niños y jóvenes* [A literatura para crianças e jovens]. *Guía de exploración de sus grandes temas*, p. 285.

um êxito similar entre as crianças, fosse uma novela a princípio não dirigida aos pequenos: refiro-me a *Robinson Crusoé*, de Daniel Defoe.

Minha hipótese é de que a singularidade de Perrault, como diz Bettina Hürlimann, não se deve ao fato de que ele foi o primeiro a criar uma obra especificamente para crianças. Talvez tenha pensado nas crianças como seus leitores, mas ainda que o aceitemos (a esse respeito há discussões eruditas que agora não vêm ao caso), é claro que o que ele entendia por público infantil era algo não muito bem definido, composto indistintamente de massas populares e crianças de classes abastadas, como assinalou Marc Soriano.[16]

Parece-me mais evidente que seu trato em relação às crianças não estava pautado pelas normas pedagógicas que começavam a prosperar em seu tempo. Como faziam os adultos no meio rural e como desejavam fazer no meio urbano, Perrault permite aos leitores ou ouvintes de seus contos "vagar" pela complexidade da vida, e não limita suas apropriações. Ressalto a dualidade leitores/ouvintes porque quero deixar claro que seu público também era composto por analfabetos. De fato, uma vez publicados, os contos voltaram ao povo através da *Bibliothéque Blue*, quando foram lidos em serões similares aos que lhes haviam dado origem. Deixo registrada, de passagem, a complexa continuidade entre a oralidade e a escrita, e

---

16 Ibidem, pp. 550 e ss.

os vasos comunicantes entre a chamada alta cultura e a cultura popular.

Definitivamente, Perrault não compartilha as crenças populares. É um moderno que tem fé na razão e um burguês acomodado no Antigo Regime que vê como uma ameaça o avanço do povo. Tampouco demonstra especial ternura pelas crianças. Seu sucesso entre o público infantil talvez provenha dessa distância, talvez mais respeitosa que a atitude daqueles que se dedicavam com mais afinco a conquistá-lo. Perrault desconfiava tanto da veracidade dos relatos que se acomodava na possibilidade de que a leitura por si só fosse capaz de modelar o espírito, ou, pelo menos, é o que podemos inferir ao nos aproximarmos hoje da moralidade das histórias que coroam seus contos. Irônicas e mordazes, essas pequenas pérolas estabelecem um contraponto acentuado com a trama dos contos. Estão afastadas das lições de moral e até poderiam transgredir os ensinamentos das boas consciências.

Vejamos esta, de *A Bela Adormecida*:

"Esperar algum tempo para ter um marido, / rico, de bom porte, galante e meigo, / é coisa muito natural, / mas esperar cem anos, e sem parar de dormir, / já não se encontra mulher que durma tão tranquila.
Além disso, o conto parece nos dar a entender, / que, com frequência, os gratificantes laços do himeneu, / não são menos felizes por serem adiados,/ e sim que nada se

perde por esperar; / mas com tanto ardor, o sexo / aspira
à fé conjugal, / que não tenho coração nem forças / para
pregar esta moralidade."[17]

Como se vê, Perrault não parece estar muito interessado em impor ao seu público uma concepção. Sabe que será lido e que, se a ele parece inverossímil, a outros parecerá verídico (por certo, ele não descuida de fazê-lo verossímil).[18] Ao contrário do uso tradicional da moralidade — um dispositivo que busca reduzir a leitura de um texto —, Perrault propõe ao leitor diversos caminhos de apropriação. O fato de que, entre os oito contos recolhidos em sua obra, cinco tenham duas moralidades distintas é eloquente. Nesse sentido, é mais contemporâneo que muita literatura posterior a ele, pois cria dispositivos textuais que evitam a utilização moralizante de seus escritos.

Outro traço eloquente é o título, *Histórias e contos do tempo passado*, assim como o uso de expressões e estruturas linguísticas que já na sua época estavam em desuso. Perrault expressa com clareza a ambivalência de uma sociedade entre dois diferentes estágios na forma de conceber a relação pai-filho, o conflito de

---

17 Charles Perrault, *op.cit.*, p. 52.
18 Observe-se a moral de *Pele de Asno*: É difícil acreditar no conto Pele de Asno; / mas, enquanto no mundo houver crianças, / mães e avós, / sua memória será conservada.

uma cultura que se debate, tal como os pais do Pequeno Polegar, entre o amor mais ou menos natural aos filhos e a indiferença mais ou menos dolorida em relação a eles, justamente porque até então a doença, a fome e a miséria diminuíam as escassas possibilidades de fazer que esse amor prosperasse.

Como Norbert Elias assinala com sua lucidez habitual, o tratamento das crianças está vinculado a questões demográficas importantes, como o índice de mortalidade infantil ou os processos de urbanização. Por exemplo, em uma família camponesa com terras é muito mais funcional ter vários filhos, pois estes constituem mão de obra barata, do que numa sociedade urbana, em que o espaço é mais limitado, as ocupações são diferentes e as crianças geram mais carga de trabalho do que a solucionam.

É por esse motivo que em sociedades urbanas, desde as épocas mais remotas até a entrada no século XVIII, por toda parte se encontravam métodos para se desfazer de bebês, e o infanticídio era costume tolerado e até estimulado.

Eram sociedades em que o trato violento entre os homens era habitual, em que todos estavam condicionados para isso e a ninguém ocorria que as crianças exigissem um tratamento especial. De Mause faz um inventário pormenorizado de como, até o século XVII, os adultos submetiam as crianças a castigos corporais sem que ninguém os questionasse, e a redução do castigo corporal só é notada no século XVIII. A essas práticas, sem dúvida, não se excluía o abuso sexual, tolerado e praticado comumente com a vênia geral, mais ou menos explícita, ainda no começo do século XVIII.[19]

Como assinala De Mause e Elias confirma, isso podia se sustentar em grande medida porque a relação entre pais e filhos estava condicionada pela inexistência de uma identificação pai-filho. Preocupados em sobreviver, e numa atitude natural de defesa, os pais evitavam se envolver afetivamente com os filhos para evitar a própria dor diante de uma perda bastante provável. "Estavam mais influenciados pelo que as crianças significavam para eles do que naquilo em que eles mesmos e seus atos podiam significar para elas."[20]

À medida que o horizonte de vida se amplia, não só é concebível e racional envolver-se afetivamente com as crianças. Também é possível falar da racionalidade de se ocupar, aproximadamente por dois anos, da aprendizagem da leitura, da escrita e da aritmética, que exigem uma alta medida de regulação das pulsões e afetos e requerem uma ocupação parcial em alguma instituição fora da família.[21]

Esse é o marco que permite o surgimento de novos atores e instituições encarregados de zelar pela saúde e

---

19 Ver De Mause, *op. cit.*, pp. 80 e ss.
20 Norbert Elias. *La civilización de los padres y otros ensayos*, p. 418.
21 Ibidem, p. 437.

pela educação das crianças. Entre eles devemos incluir um grupo de escritores encarregados de produzir textos expressamente dedicados a elas, que, embora não mereçam um lugar de honra quanto à sua qualidade literária, tiveram um papel fundamental na incorporação das crianças à cultura escrita.

Paul Hazard lamenta, assim, ao assinalar como o impulso gerado pela obra pioneira de Perrault se desvanece:

> Logo se apagou essa ideia absurda de que um grande autor pode escrever coisas para as crianças e ocorreu às pessoas que era preciso usar o deleite imaginativo para a instrução. Mas foi aqui que a instrução se viu no dever de abafar o deleite. E o que foi oferecido às crianças foram remédios com somente um pouquinho de mel.[22]

Vale a pena incluir o texto que Hazard utiliza para exemplificar sua afirmação. Refiro-me à apresentação de *Almacén de los niños*,[23] um livro de madame Leprince Beaumont (conhecida hoje por ser a autora de *A Bela e a Fera*):

> *Armazém das crianças*, ou diálogos de uma prudente preceptora com seus distintos alunos, nos quais os jovenzinhos pensam e atuam segundo o gênio, o temperamento e as inclinações de cada um. Representam-se os defeitos próprios da idade

---

22 Paul Hazard, *Los libros, los niños y los hombres*, p. 2.
23 "Armazém das crianças", [N.T.]

e mostra-se o modo de corrigi-los; a autora aplica-se tanto em formar o coração quanto em ilustrar o espírito. Prossegue com um resumo de História Sagrada, de Mitologia, de Geografia etc., com variedade de reflexões úteis e contos morais a fim de proporcionar-lhes delicado prazer : todo ele escrito em um estilo singelo e adequado à ternura de suas almas, por madame Leprince Beaumont.[24]

A leitura desse texto é meramente ilustrativa da forma como se pretende utilizar a palavra escrita como um instrumento civilizador, no sentido que Norbert Elias dá ao termo: uma aprendizagem não voluntária de autocontrole dos impulsos e pulsões, que permite ao indivíduo viver em sociedade.

O surgimento dessa produção editorial, que dificilmente pode ser vista como literatura, coincide com o recolhimento da sexualidade em torno da vida privada, que o próprio Elias descreve como o banimento da vida sexual para as coxias da vida social durante os séculos XVIII e XIX.

A crescente reserva que os adultos tiveram que se impor no trato mútuo voltou-se para o interior, tornou-se autocoercitiva e se interpôs como uma barreira entre pais e filhos. Isso tem que ver com dois fenômenos aparentemente contraditórios: a idealização da infância e a acentuação dos castigos como medida disciplinar.

---

24 Citada em *ibidem*, p. 27.

A ideia que os adultos divulgaram de que as crianças eram seres humanos ainda livres do pecado da sexualidade — e nesse caso, inocentes como os anjos — correspondia ao pudor inexprimível dos adultos diante da sua própria sexualidade. Como, na realidade, nenhuma criança respondia a tais exigências, os pais tinham que se perguntar permanentemente, na intimidade do lar, por que razões seus filhos apresentavam traços que não correspondiam muito bem ao caráter angelical atribuído, como norma, às crianças. Talvez o fato de que os castigos e as medidas destinadas a disciplinar as crianças nesse período fossem particularmente severos se deva justamente a essas discrepâncias entre um ideal de criança socialmente aprovado, mas totalmente fantasioso, por um lado, e sua verdadeira natureza, nada angelical, quase animal, mas em todo caso apaixonada e selvagem, por outro.[25]

Podemos supor que existe uma relação entre o número crescente de usos e usuários da palavra escrita e o relaxamento da violência física.[26] Reitero, ambos são traços do processo civilizador no qual estamos inseridos. Nesse processo, se estabelece um equilíbrio maior entre

---

25 Elias, *op. cit.*, p. 417. De Mause, em *op. cit.*, (pp. 84 e ss.), concorda que somente no século XVIII se começa a castigar a masturbação entre as crianças.

26 Que, a rigor, se vê secundada pela violência simbólica, como o encerramento em quartos escuros. Ver De Mause, *op. cit.*, pp. 76 e ss.

o potencial de poderes entre gêneros, entre extratos sociais e também entre crianças e adultos.[27]

Aprender a ler e a escrever implica um longo processo de aprendizagem de uma multiplicidade de saberes e procedimentos de conduta nos quais raramente reparamos e que não se descobre apenas na aquisição inicial da linguagem escrita, com o treinamento da mão, ou na aprendizagem das normas de interlocução e silêncio. Aprender a ler/escrever é um processo que nunca termina, posto que ler e escrever textos ou cartilhas escolares não significa, por exemplo, estar capacitado para ler ou escrever cartas, contratos, novelas, discursos, instruções ou informes profissionais. Cada gênero supõe uma aprendizagem que implica a aquisição de códigos e convenções, invisíveis para a maior parte dos usuários. São eles que nos permitem coisas básicas como determinar as condições de verdade de um texto. Sem eles, a utilização da palavra escrita geraria uma confusão maior que a babélica. Essas aprendizagens demandam do usuário da cultura escrita um alto grau de regulação de pulsões e afetos.

Ler e escrever é, sobretudo, construir e ter acesso a um território compartilhável com outros leitores e escritores. É abrir novas possibilidades de participar desse espaço simbólico em que as ações dos homens cobram sentido e, simultaneamente, ressignificá-las.

---

27 Ver Elias, *op. cit.*, pp. 439 e ss.

Ler e escrever possibilita o controle e o autocontrole, a localização de um fluxo temporal e a previsão. Ler e escrever proporciona uma diversidade de experiências e, nesse sentido, implica um exercício civilizador de experimentação e previsão.

O espaço construído por meio da palavra escrita garante os consensos implícitos e explícitos e, ao mesmo tempo, as formas explícitas e implícitas do dissenso tolerado. A palavra escrita atua sobre a vontade dos outros somente porque esse outro lê, escuta ou intui.[28] Nesse processo, quem recebe sempre oferece resistência, mesmo quando não o queira, porque, como vimos no início, depois de Babel, a linguagem contém em si mesma as sementes do dissenso e do consenso. Indefectivelmente ligadas. O outro recria porque a linguagem não é unívoca nem transparente. Somente sob o risco de ser negada como leitura — ou seja, como apropriação —, a leitura pode omitir essa dimensão insubmissa e profundamente criadora. Nesse sentido, ler e escrever implica adquirir direitos e poderes.

Pretendi delinear, ainda que de forma sumária, um horizonte muito amplo onde creio que se perfila a evolução da infância, da literatura para crianças e das

---

28 A escrita exerce um poder até mesmo sobre os que não sabem ler. De fato, há muitos escritos que não supunham sua leitura. Ver Armando Petrucci. *Alfabetismo, escritura y sociedad* [Alfabetismo, escrita e sociedade].

relações entre ambas. Como disse no início, podemos descrever sucintamente esse processo como a transformação de um sujeito que não se reconhecia como falante em alguém que se prepara para falar e participar do mundo, do *"in-fante"* em criança. A ampliação dos registros temáticos e linguísticos na literatura contemporânea, mas sobretudo o surgimento de vários dispositivos textuais (por exemplo, os finais inconclusos ou terríveis, as sobreposições de diversos pontos de vista narrativos, o uso do humor corrosivo para afrontar situações cotidianas) dão conta dessa evolução na literatura para crianças, que não só deixou de ser infantil, como começa a romper as fronteiras com a outra literatura e a chegar de outra forma, mas de maneira muito diferente da dos contos de fadas, a um público formado por crianças e por adultos ao mesmo tempo. Porque estamos imersos nesse processo, a produção literária para crianças cresce a cada dia e há um interesse maior em fomentar a leitura entre os pequenos. Sem dúvida, ao fazê-lo, avançamos em relação a um nivelamento de poderes, a um equilíbrio maior de direitos e de responsabilidades entre adultos e crianças.

Após deixar isso assentado, creio que estamos em condições de compreender o título desta conferência, "A invenção da criança", o qual, como explicarei agora, tem deliberadamente um duplo sentido: como vocês devem ter percebido, quis aludir à famosa ideia de Philippe Ariès, de que há poucos séculos apenas é que se começa a tratar e compreender a criança como um ser diferente do adulto. Nesse sentido, a criança nem sempre esteve aí e, se não tivesse sido descoberta, teria sido inventada. Sendo consequente, porém, com o maior equilíbrio entre o poder da criança e o do adulto, quis também deixar um resquício para uma interpretação diferente, na qual a criança não fosse objeto, mas sujeito, na qual a criança não fosse invenção, mas inventor. Basearei minha análise na leitura da obra de Lloyd de Mause, que mencionei no princípio: *História da infância*.

Resumo o núcleo de sua tese, que se situa entre a pesquisa historiográfica, a filosofia da história e um programa político: a história da humanidade é um longo pesadelo do qual estamos apenas começando a emergir. Nesse pesadelo, as mostras de crueldade e violência contra as crianças têm sido constantes e comumente admitidas, pois o adulto não tem visto o menor como um semelhante. Como os descobrimentos de Freud demonstraram, a estrutura psíquica é sempre adquirida na infância; as práticas de criação das crianças não são simplesmente um entre outros traços culturais, mas sim a própria condição da transmissão e do desenvolvimento de todas as demais esferas da história. Regressar ao trauma do terrível tratamento recebido na infância a partir da visão de sua própria história refletida na de seus filhos pode permitir que cada pai não repita esse comportamento.

As diversas etapas evolutivas da história são explicadas, segundo De Mause, pelos graus de identificação socialmente permitidos entre crianças a adultos. Quanto maior a identificação, maior a possibilidade de o ser humano ressignificar seu passado e se tornar dono de seu futuro. Como Marx em relação à luta de classes, De Mause tenta interpretar com essa chave a mudança da história e traçar simultaneamente um caminho para transformá-la. Não sei se isso é possível (pode haver uma única chave para interpretar a história?), mas me parece que no estágio de civilização em que vivemos, no qual a identificação adulto-criança pode se realizar, a tese formulada por De Mause confere uma dimensão transcendente ao fomento da leitura.

Analisada sob essa perspectiva, a literatura para crianças que se assume verdadeiramente como literatura, ou seja, como um território liberado da linguagem, permite não só recordar o passado de cada homem no sentido etimológico do termo *re-cordis*, "passar pelo coração": permite abrir um espaço em que a criança nos invente, ou, pelo menos, nos possibilite uma maior liberdade para construir um mundo que desterre a violência, que estabeleça um equilíbrio maior entre os potenciais de poder.

Devemos, entretanto, ter cuidado ao tirar conclusões. É um erro supor que o sentido de cada um dos que trabalham na formação de leitores literários entre as crianças esteja determinado pelo sentido desse vasto processo civilizador. Como um rio largo e caudaloso, a história dos processos civilizadores é composta de muitas correntes. Vão e vêm, dão voltas, formam redemoinhos. O contato de crianças e adultos com a literatura não supõe necessariamente a leitura literária, da mesma maneira que o ingresso na cultura escrita não implica a redução da violência. Pode, sem dúvida, incrementar o potencial de diálogo na relação adulto-criança, mas não necessariamente.

Não há nada mais desagradável que um adulto que desdenha as crianças, nem tão tolo quanto alguém que acredita que o diálogo com elas implica se dobrar a seu nível intelectual ou a de seu discurso. Se em nosso tempo a literatura para crianças representa uma esperança é porque, como nenhuma outra criação cultural, ela se presta a propiciar um repensar da relação adulto-criança na qual possamos nos inventar mutuamente. Para tanto, convém que todos possamos entender sua dimensão transcendental.

Estrangeiros no mundo:
multiculturalismo, diversidade e
formação de leitores

Até mesmo em um casal amoroso, expressão mais reduzida da sociedade, nós, seres humanos, vivemos ambiguamente nossa relação com os outros. Muito além da necessidade inquestionável, os outros são objeto de desejo e, quiçá, o único refúgio de nossa radical solidão no mundo. Eles, no entanto, nos provocam inquietação e medo, e com frequência vivemos sua proximidade como uma intrusão. Por isso os buscamos e evitamos sem sossego. Sartre disse, com laconismo extremo: "O inferno são os outros".

Muitos anos antes, com singular lucidez e um prazeroso sentido de humor — atribuível, talvez, ao desenfado de nascer no Novo Mundo —, Mark Twain também recorreu a um relato sagrado para analisar os impulsos contraditórios gerados pela convivência. Quero compartilhar com vocês algumas linhas das anotações do seu *Os diários de Adão e Eva*.

Segunda-feira. Essa nova criatura de cabelos longos é bastante intrometida. Está sempre por perto, a me rodear e a me seguir aonde quer que eu vá. Não gosto nada disso, não estou acostumado a ter companhia. Queria que ela *ficasse com os outros animais...* Está nublado hoje, e sinto o vento do leste. Creio que nós teremos chuva... *Nós? De onde eu tirei essa palavra?... Agora me lembro: é usada pela nova criatura.*

Terça-feira. Andei examinando a grande queda d'água. Para mim, é a mais bonita da região. A nova criatura a chama de "Cataratas do Niágara" — eu realmente não sei explicar o motivo. Diz ela que se parece com Cataratas do Niágara. Mas isso não é motivo, *é um mero capricho e uma imbecilidade.* [...]

Quarta-feira. Construí um abrigo para me proteger da chuva, mas não tive a sorte de poder ficar em paz dentro dele. A nova criatura o invadiu. Quando tentei colocá-la para fora, começou a vazar água daqueles orifícios pelos quais ela enxerga, em seguida ela se enxugou com o dorso de suas patas, e passou a fazer um ruído parecido com o que alguns animais emitem quando estão machucados. *Eu gostaria que a nova criatura não falasse.* Está sempre falando. Parece até que insulto a pobre criatura, difamando-a, mas *falar soa como um murmúrio vulgar, um palavreado: mas não o digo a sério. Eu nunca tinha escutado a voz humana antes, e qualquer ruído novo e estranho que perturbe o solene silêncio deste maravilhoso e desabitado lugar me agride e soa como uma nota dissonante.* E sinto-o tão próximo a mim: bem sobre meus ombros, penetrando em minhas orelhas, primeiro de um lado e depois do outro. Estava acostumado a ouvir sons emitidos a certa distância de mim.

Sexta-feira. Os nomes continuam a ser inventados ininterruptamente, mesmo contra minha vontade. Eu pensei em um nome muito bom para esta região, um nome sonoro e bonito: Jardim do Éden. [...] A nova criatura diz que aqui há bosques, rochas e diferentes paisagens, e, por isso, não se parece em nada a um jardim. [...]

Minha vida não é tão feliz como costumava ser[1]

Conclui Adão. Por que esse texto nos leva a sorrir e não nos provoca aversão ou repúdio? Talvez porque, embora potencialize fatos e sensações familiares até atingir os limites do grotesco, sua mordacidade se dirige ao casal, uma relação habitualmente desejada.

Mas fechem os olhos e imaginem o que aconteceria em suas belas almas civilizadas se a mordacidade do escritor se detivesse numa convivência menos protegida pela necessidade; se o novelista dirigisse seu olhar a qualquer um dos pequenos paraísos onde nós, seres humanos modernos, nos refugiamos, como um condomínio, e descrevesse as emoções geradas em seu morador pela súbita intrusão de um grupo de estranhos, com outros traços físicos, outro idioma, outros valores e

---

[1] Mark Twain. *Os diários de Adão e Eva.* Grifos do autor.

costumes. Que conflitos, resistências, tabus, lembranças ou temores começariam a emergir em sua intimidade ao ouvir uma frase como "Esses estranhos de pele escura (ou vermelha, branca ou amarela, conforme o caso) me perseguem a cada passo; entro na cozinha e encontro suas comidas picantes; saio à rua e sua tagarelice ininteligível me perfura os ouvidos"?

Imagino o incômodo da situação. Não é um assunto fácil — e talvez não seja educado — falar dos problemas que a convivência multicultural suscita, ainda mais num fórum como este. Mas é importante. Por isso convém apresentá-lo sem disfarces nem ingenuidade: estamos preparados para viver com os outros?

Em *Totem ou tabu*, um ensaio de 1988, George Steiner se pergunta se não existirão constantes em nossa forma de ser, biológica e social, que dificultem a convivência com o outro, e assinala que "seria incrivelmente arrogante acreditar que *sabemos* que evoluímos a ponto de chegarmos a ser um tipo de criatura que gosta de viver com os que cheiram diferente, têm um aspecto diferente, soam diferente".

E com elogiável valentia reflete: "Pode ser que a autonomia seja a forma natural da unidade social e que aqueles que impelem as pessoas a se unirem o façam em nome de uma visão transcendente de justiça, esperança ou equidade humana, mas que, talvez estejam apressando algo um pouco complicado".[2]

---

2 George Steiner, *Presencia intacta*, pp. 251 e ss.

Enfrentar essa complicação é um dos propósitos desta mesa. Convém lembrar que a dificuldade não se impôs no mundo somente por discursos transcendentes sobre a equidade humana, mas também por razões mais corriqueiras e obrigatórias: fome, destruição, falta de fontes de trabalho, intemperanças do clima, doenças, guerras. Desde a pré-história, essas e outras razões obrigaram os homens a deixar para trás seus lugares de origem e assentarem-se em novas terras, entre estranhos. Mas nunca como hoje, de forma tão intensa e acelerada. Basta dar uma olhada nas frequentes mudanças no mapa do mundo. Praticamente não há lugar que não expulse ou atraia fluxos migratórios: entre as cidades e o campo, no interior das nações, ou entre países ou continentes.

■

Historicamente falando, é difícil sustentar a existência do Éden. Todas as evidências indicam que nossos ancestrais viveram imersos em infinitas penúrias: antecedem-nos a fome, a enfermidade, a desolação e uma luta tenaz para sobreviver, não a aprazível abundância.

Contudo, a persistência de um passado mítico de convivência feliz com a natureza é atraente. Muitos quiseram ver nisso uma transposição da infância de cada pessoa na protoinfância da humanidade. Os pesquisadores que estudaram a história da infância assinalam que isso é insustentável. "A história da infância é um pesadelo do qual começamos a despertar há muito pouco", disse Lloyd de Mause.[3] Por que haveríamos de recordá-la de outra forma?

Será, então, uma reminiscência do espaço intrauterino? Talvez. Hoje quero arriscar outra explicação: esse passado idílico é a ilusão (ou, talvez, a lembrança) de um momento em que a cultura não se percebia como algo arbitrário.

É uma hipótese temerária, eu sei. E não pretendo defendê-la, mas sim convidá-los a refletir sobre o fato de que todos os movimentos nacionalistas ou xenófobos postulam para si mesmos um idílico passado comum violentado pela intrusão de estranhos.

Lembremos que, na linguagem adânica, o signo não é arbitrário. Há, ponto por ponto, uma coincidência entre os objetos e os termos usados para nomeá-los e descrevê-los.[4] Uma transparência similar deveria reger imaginariamente as normas e os valores no passado idílico de cada cultura. Foi a convivência com os outros que lançou a primeira sombra sobre a naturalidade das regras e crenças, e ressaltou sua arbitrariedade.

Recordemos o Adão de Mark Twain e seu incômodo ante a insidiosa voz daquela estranha de cabelo comprido que a tudo renomeava. Os outros leem a realidade, recortam-na conceitualmente e a nomeiam com suas próprias referências. Introduzem interpretações e

---

3 Lloyd de Mause, *Historia de la infancia*, p. 15.

4 Ver a Introdução de "A invenção da criança", neste mesmo volume.

incertezas em nosso mundo. Em poucas palavras, relativizam-no.

Mas para aquele que se aventura a se identificar com o estranho, o encontro brutal deixa o desamparo a descoberto, o irremediável estranhamento de todas as normas, sua fragilidade. Que precário se torna, então, o refúgio da cultura! Que frágil é a morada da linguagem!

O poeta francês Edmond Jabès já disse com clareza e beleza: "Um estrangeiro me revelou minha estrangeirice". Mas é uma atitude excepcional e talvez impossível de ser estendida massivamente. Em geral, nós, seres humanos, resistimos a nos identificar com os estranhos, afirmamos traços biológicos e culturais que nos diferenciam dos outros e preferimos nos refugiar no conhecido, entre os nossos, na civilização, que em seu sentido primitivo e etimológico quer dizer justamente isso: "alguém de casa".[5] Os outros ficam de fora, confundidos com as feras na inóspita intempérie. São os bárbaros, seres que balbuciam, de linguagem indiferenciada, cuja condição beira ao inumano.[6]

Refiro-me, como já notaram, à antiga dicotomia "civilização ou barbárie", de larga linhagem na América Latina e em todo território colonizado (há algum que não o

---

5 Do indo-europeu *kei-wi*, alguém da casa, um membro da família; de *kei*, deitar-se, estar deitado, cama, casa lar, família, querido. Ver Guido Gómez de Silva. *Breve diccionario etimológico*.

6 Conhecimento, instrução, do latim *cultura*, cultivo, agricultura (ibidem).

tenha sido?). Quantas feitos culturais não foram fundamentados nesse paradigma? Quantas atrocidades foram, são ou serão cometidas em seu nome? Os monumentos que pomposamente chamamos de "patrimônio cultural da humanidade" preferem guardar silêncio sobre o rastro de sangue, de dor e de sofrimento que os abona.

Em sua sétima tese sobre a filosofia da história, Walter Benjamim assinala: "Não existe documento de cultura que não seja também um documento de barbárie".[7] Então me pergunto se os aqui presentes — que trabalhamos com livros por uma convivência mais harmônica entre os diferentes — não pretendemos escapar a essa sorte.

É possível produzir cultura sem procriar o que para outros será barbárie? É muito arriscado supô-lo. Mas convém aceitá-lo, embora, em certo sentido, seja intolerável.

Esse é o nosso problema.

O que a cultura põe em jogo são relações de inclusão e de exclusão, possibilidades de participação ou significação individuais ou coletivas. Sem dúvida é legítimo aproximar-se do tema do multiculturalismo e da diversidade de forma puramente literária (por exemplo, ao comparar obras de culturas diversas para realçar semelhanças ou compreender diferenças). Mas se a ideia é impulsionar formas de convivência por meio da literatura,

---

[7] Walter Benjamin. *Ensayos escogidos*, p. 46.

parece-me que não é congruente centrar a atenção nos livros, mas sim no que acontece aos leitores.

Num momento em que se perde a precisão dos contornos do poder da cultura em meio à maior homogeneização jamais vista dos valores e de um tremendo crescimento das brechas econômicas, ventilar os temas da diversidade e do multiculturalismo é algo digno de chamar a atenção e, em certo sentido, chega a ser paradoxal.

Pode ser que, por trás do aparente consenso gerado pelas posturas multiculturais, estejamos evitando refletir sobre os conflitos gerados pela convivência forçada dos diferentes sob um regime que defende uma igualdade que não pode cumprir nem rechaçar e que, finalmente, nem sequer todos desejam, embora poucos o admitam. E isso, talvez, venha a ter graves consequências.

■

Uma das razões que dificultam fazer uma crítica às identidades culturais é que, com frequência, elas têm sido utilizadas para fins nobres, como a libertação dos oprimidos, a promoção da fraternidade, da solidariedade ou da justiça.

De fato, a maior parte dos movimentos de libertação expressa reivindicações identitárias. O casamento do romantismo com os movimentos nacionalistas é uma das expressões mais claras. A imersão nas raízes permitia projetar para o futuro uma continuidade sem fraturas.

Assim, empresas se uniram a homens sábios — literatos, cientistas, historiadores —, que se prestaram a uma dupla mistificação, a da firmeza da identidade e a da unidade interna, e a partir daí justificaram episódios vergonhosos. Transcrevo-lhes a citação de um livro assustador, do escritor bósnio Medzad Ibrisimovic: "Degolando, matando ou queimando, violando e saqueando, os *chetniks* (paramilitares sérvios) lutam por sua identidade, por serem sérvios. É algo singularmente sérvio: homens sérvios, mulheres sérvias, peixes sérvios e plantas sérvias". O escritor cita o doutor Vidosav M. Savic, um médico militar que no livro *Sobre a natureza sérvia*, no capítulo dedicado à terra sérvia, menciona o caso de um soldado sérvio em cujo peito foi encontrada, durante a autópsia, sua alma como pedra. Segundo o médico, somente as almas dos muçulmanos podiam se transformar.[8]

Terra é onde repousam nossos mortos, onde crescem os alimentos e nossos filhos, mas terra também é terror. E médicos, cientistas e intelectuais nem sempre são os melhores guardiões da humanidade.

Todas as identidades coletivas são construções mutáveis. Todas as suas bases — os símbolos, os relatos e mitos institucionais, os episódios decisivos, os heróis, ritos ou bandeiras — são elaborados e reelaborados de maneira contínua, por meio de complexos processos de disputa e negociação. Neles se batalha para definir os limites do grupo e seus valores, pois por mais coesos

---

8 Medzad Ibrisimovic. *El libro de Adem Kahriman*, p. 35.

que estejam, por mais unidos e homogêneos que sejam, persiste neles a diferença, embora não se manifeste ou seja reconhecida. Tanto individual como coletivamente, para sobreviver é necessário perceber e gerar semelhanças e diferenças.

A identidade é uma construção ou um dispositivo para a defesa ou o ataque. É produto de uma escolha que tem como corolário a exclusão: nos casos mais extremos, a coesão requer um inimigo externo ou bode expiatório. Mas há muitas outras formas de se exercer a violência, de limitar o outro.

Por isso a relação entre multiculturalismo e diversidade é complexa e conflituosa. Qualquer dos presentes sabe que uma das dificuldades intrínsecas da convivência multicultural é justamente o valor distinto que cada cultura dá à diversidade em seu interior. Hoje isso nos afronta a dilemas de complexa e provisória solução. Para não ir mais longe, pensemos na natural simpatia que podemos ter em relação às reivindicações de determinado grupo ou nação subjugada e na dificuldade em aceitar sua forma de tratar as crianças, as mulheres ou os homossexuais.

No mundo globalizado, a complexidade dos problemas alcança magnitudes nunca vistas. Ao falar da relação entre identidade, consumo e formação de cidadãos, Néstor García Canclini assinala: "As culturas nacionais pareciam sistemas razoáveis para preservar, dentro da homogeneidade industrial, certas diferenças e certo enraizamento territorial que mais ou menos coincidiam com os espaços de produção e circulação dos bens."⁹

Hoje, entretanto, pela primeira vez na história, a maioria dos bens e informações que uma nação recebe não foi produzida no próprio território. Em Paris, Bogotá, Nairobi e Cingapura, podemos comer pizzas, comida chinesa ou tacos mexicanos. Os anúncios cinematográficos se assemelham nas capitais do mundo, e quase em toda cidade podemos sintonizar as mesmas cadeias de televisão a cabo, vestir *jeans* Cacharel ou Christian Dior. Até mesmo os artesanatos se globalizaram.

Nunca como agora o patrimônio cultural esteve tão ao alcance de todos. Os progressos tecnológicos e a educação obrigatória são em boa parte responsáveis por isso. Há um século, era necessário viajar para ouvir Mozart, conhecer as pirâmides do Egito ou assistir a uma retrospectiva de Rembrandt. Hoje, qualquer um pode fazê-lo somente ligando o computador. Atualmente, são publicados mais livros e há uma quantidade maior de pessoas com *capacidade* de ler, embora, sem dúvida, o modelo de leitor que os educadores e escritores tinham em mente tenha mudado: as massas não só ganharam o acesso à produção cultural, mas também se converteram em seu principal objetivo.

---

9 Nestor García Canclini, *Consumidores y ciudadanos*, p. 16. No Brasil, Consumidores e Cidadãos — Conflitos multiculturais da globalização, Rio de Janeiro, Editora da UFRJ, 2008

A situação não pode ser julgada univocamente. Os apologistas do presente costumam ressaltar a enorme diversidade da oferta como sinal de uma maior tolerância. Os céticos ressaltam que é somente uma questão de mercado e ressaltam os também crescentes sinais de xenofobia, dogmatismo, intolerância e censura. Os apologistas do presente falam da democracia e da igualdade de oportunidades. Os céticos assinalam as diferenças econômicas entre países e no interior destes. É comum ouvirmos os mesmos termos em ambos os grupos: *liberdade, democracia, oportunidades*. Estamos todos falando da mesma coisa?

O certo é que, embora no planeta haja uma oferta cultural e de bens de consumo homogeneizada, existe uma grande diferença entre os potenciais de produção e consumo de bens culturais, e as diferenças costumam ser aparelhadas com fronteiras nacionais, raciais, étnicas ou religiosas. Basta um exemplo: em média, há mais receptores de televisão na América Latina que na Europa; entretanto, em nossa região, as cadeias locais transmitem principalmente programas estrangeiros.

Entre as nações e no interior delas, as diferenças se dão tanto na produção cultural como na capacidade e nas oportunidades dos indivíduos de um determinado grupo social para assimilá-la ou recriá-la. Por isso, é ingênuo falar em promover uma educação multicultural a partir de uma oferta editorial variada, que reflita tematicamente a vida de diversos grupos sociais, se não forem atendidas, simultaneamente, as condições reais de recepção de *todos* os grupos.

Sem dúvida, é importante diversificar a oferta editorial, estabelecer novos paradigmas de identificação, questionar cânones e preconceitos, possibilitar o acesso a distintas tradições. Mas não basta. O que significa o direito à cultura em lugares onde não existe uma cultura do direito? Como se pode conseguir isso senão por intermédio da educação realmente universal? Que papel desempenha ou pode desempenhar a palavra escrita na formação desses cidadãos?

O enorme esbanjamento de talento e de recursos a serviço do marketing contribuiu para que tudo possa se converter em imagem ou simulação. Por outro lado, por causa da multiplicação de usuários da cultura escrita, os modos de recepção espontâneos proliferaram a tal ponto que é legítimo perguntar se, paradoxalmente, não estamos assistindo à retirada da palavra (e particularmente da palavra impressa) como um espaço para a confrontação das diferenças.

Por isso me questiono se a proliferação de expressões multiculturais, além de ser uma demanda legítima de povos e grupos, não se converteu em substanciosas oportunidades de negócio; se não estamos assistindo à emergência de uma nova cultura imperial — talvez não concebida nos mesmos termos que antes, pois não provém de um poder nacional — que suprime essas diferenças e provoque uma exclusão de dimensões insuspeitadas.

Vemos grandes editoras transnacionais que crescem produzindo obras para as minorias. Se investigarmos um pouco, veremos como são engendrados os interesses do grande capital anônimo, que promete a modernidade universal e democrática com os valores mais tradicionais e concepções autoritárias da identidade.

Passei por essa situação quando editores do primeiro mundo se aproximaram de mim em busca de livros para mostrar como vivem *verdadeiramente* os latino-americanos, e me foi impossível dissuadi-los de sua pré-concepção, de um folclore mais vulgar. Algo similar acontece com funcionários, editores, bibliotecários, escritores e professores quando definem o que os grupos culturais devem ler para reforçar sua identidade. Pelo visto, alguns supõem que ter raízes obriga o indivíduo a manter o olhar fixo no chão, mesmo que seus olhos fiquem empoeirados.

Em *A muralha e os livros*, Borges afirma que "queimar livros e erigir fortificações é tarefa comum aos príncipes". Desde a invenção milenar da escrita, uma multidão de tiranos, reis e sacerdotes tem pretendido unir as duas coisas: erigir fortificações com palavras escritas, investindo esforços e dinheiro para escrever ou mandar escrever livros. Poucas coisas nos dão mais esperança do que constatar a tenacidade dos leitores para não ficar emparedados.

E se quisermos nos valer de metáforas bélicas, o livro nas mãos de um leitor, mais que uma fortificação, pode se assemelhar a um cavalo de Troia. É um artefato que pode introduzir, numa construção mais ou menos vedada, um grupo de presenças inesperadas. É um dispositivo que suscita possibilidades múltiplas e imprevisíveis de identificação, que pode gerar processos desafortunados na construção de nós mesmos e também oportunidades de sociabilidade inusitadas. Daí a ambivalência das autoridades diante da leitura, mesmo quando preconizam o amor pelos livros. Reis e sacerdotes, pais e mestres temem propiciar ao leitor a capacidade de serem lidos de outra forma.

Para nós que acreditamos que é factível estabelecer relações diferentes de poder, que é possível construir formas não autoritárias de exercer a autoridade, para nós que — partindo de uma concepção aberta das identidades — supomos que é factível construir espaços e oportunidades de identificação e distanciamento menos danosos, os livros são também uma oportunidade esplêndida. Mas é necessário deixar de lado a autocomplacência habitual aos defensores da tolerância e nos perguntarmos a partir de onde e de que forma se poderá construir uma cultura de reconhecimento dos outros e de nós mesmos.

Os conflitos que vivemos ocorrem não apenas entre classes e grupos, xenófobos e cosmopolitas, conservadores e liberais. Há também uma forte disputa entre duas formas de propor a aproximação ao que é diferente. Por um lado, os que supõem que o conflito é inerente à condição humana e propõem a negociação racional e crítica. Por outro, os que querem evitá-lo a qualquer custo, sob belos slogans ou programas assistencialistas que se traduzem em simulacros de consenso.[10]

Trata-se, em boa medida, do dilema entre processos de formação de cidadãos e experiências culturais autênticas ou de seus simulacros. Mas é algo que vai além disso. Trata-se de assumir completamente ou desconhecer a própria transitoriedade e de reconhecer (ou não) o poder imensamente criativo da recepção.

Depois de recordar a Europa medieval, tentemos imaginar o mapa do mundo em trezentos anos e retornemos ao nosso presente. Veremos todo o empenho de coesão com mais humildade. Ao mesmo tempo, porém, poderemos cobrar a consciência de uma grande responsabilidade, embora esta só possa se manifestar sutilmente.

O que quer que façamos, o que quer que ensinemos será transformado pelos outros. O foco de atenção deve estar, portanto, em dotá-los de possibilidades reais de construir respostas e perguntas, de estabelecer e construir identidades pessoais e coletivas a partir do reconhecimento da sua liberdade para autodefinir os limites e a natureza do grupo. E de respeitar as dos outros. Em outras palavras, trata-se de nutrir o desenvolvimento da capacidade de reconhecer diferentes posições no interior de cada comunidade e de negociar semelhanças e diferenças no interior e no exterior dessas comunidades.

---

10 Ver ibidem, especialmente a terceira parte.

Em seu sentido mais profundo, a diversidade é mais um futuro provável do que um passado comum, mais sonhos e desejos do que raízes e ligações. Ainda que tenha de se apoiar no solo para levantar as asas.

Se uma abordagem assim é primordial quando falamos de cultura para os adultos, ela é indispensável para propiciar às crianças um sentido de responsabilidade sobre sua liberdade, pois a aceleração da nossa civilização torna a diferença entre as gerações cada vez mais acentuada.

E não é pouco o que a literatura pode fazer nesse sentido. Seu poder deriva de suas possibilidades de gerar desdobramentos, de provocar estranhamento no interior de cada leitor, de colocar em crise sua identidade e questioná-la, de levar à descoberta de que cada um é outro. A promoção da leitura, como tal, supõe dar ao outro armas para ser diverso de si mesmo. É uma dádiva radical, uma prova de confiança no próximo.

■

Expulso do paraíso por causa de Eva, e após anos de fatigantes lutas com essa estranha de longas madeixas, o Adão de Twain descobre que "onde quer que ela estivesse, era o paraíso". O Éden não é mais um *topos*, um lugar na terra. É um rosto que interroga, que perturba, que consola, que gera conflito, que obriga ao diálogo. Seria tranquilizador se, para concluir, eu pudesse argumentar que também os outros podem se converter no paraíso, mas temo que isso só seja possível na relação erótica.

Não obstante, sustentar um respeito radical para que o outro continue sendo outro pode, sem dúvida, nos ajudar a fazer da terra um lugar menos infernal, mais complicado e interessante. Talvez, depois de tudo, o mundo seja sempre hostil e estranho, pois a terra, por mais bela que seja, é apenas o cenário impassível de um drama que lhe é indiferente. Talvez, depois de tudo, nossa única morada seja a linguagem. E, se for assim, os livros poderiam ser a melhor forma de construí-la, desde que, como rezavam os antigos preceitos, tenham sempre a porta aberta para o estranho, e que nós mesmos possamos ser também esse estranho ao acolhermos nosso próprio estranhamento.

No meu princípio está meu fim:

em torno das provocações e
desafios da indústria editorial
na *construção* de leitores

Para J. L. Fabre, como uma pequena homenagem

A construção de leitores, questão que nos reúne neste momento, é um problema que concerne aos editores de maneira essencial e conflituosa. Essencialmente porque, por trás do suposto ou real desaparecimento de leitores, nós, editores, vemos uma ameaça maior ao nosso futuro. E de maneira conflituosa porque, apesar disso, não temos claro que a formação de leitores seja uma responsabilidade que devamos ou possamos assumir.

O problema é de fato muito complexo e não espero elucidá-lo no breve tempo de que disponho. Ficaria contente em contribuir para formulá-lo de maneira que estimule o pensamento e a ação responsáveis. Para isso, devemos nos afastar de uma dupla tentação.

Por um lado, da tentação — niilista e generalizadora — que considera o livro e os leitores como espécies em perigo de extinção. Por outro, a de um otimismo ingênuo, sustentado em experiências bem-sucedidas, mais ou menos heroicas, a partir das quais se pretende estabelecer critérios de validade geral.

À primeira tentação, fatalista e obscura, é preciso contrapor a ideia de que o futuro, como o presente, será menos uniforme que os discursos a seu respeito. Por isso é importante escavar esse discurso imobilizador a partir de suas raízes, começando por questionar conceitos e categorias aparentemente claros e unívocos, usados com uma perigosa liberalidade por jornalistas, autoridades e até editores. Livros, leitura, livraria, ler, escrever, editar. Cada um dos substantivos e verbos relacionados com o mundo da produção e da circulação da palavra escrita tem múltiplos sentidos, que coexistem em diferentes momentos e têm variado notavelmente ao longo da História. O termo "leitor", por exemplo, serve para designar um estudante que, ano após ano, sublinha manuais para passar nos exames, alguém que devora novelas policiais em suas horas de transporte ou alguém que esgota um livro ruminando cada uma de suas linhas. Ou, para dizê-lo em termos mais claros para os gerentes comerciais de nossas empresas, alguém que compra livros prescritos e os lê por obrigação (e que certamente não voltará a eles ao abandonar a escola), alguém que compra e lê livros para ocupar um tempo morto (mas que muito provavelmente deixará esse passatempo quando suas circunstâncias se modificarem) e alguém que tem feito da leitura uma forma de vida (embora raramente compre novidades nas livrarias).

À segunda tentação — que, oposta ao fatalismo, vê o futuro com um otimismo alegre que poderia ser resumido na frase de Michelet "Acredito no futuro porque o estou construindo" — é necessário contrapor a compreensão da leitura e da escrita em um conjunto de práticas sociais complexas. Essa grande corrente, de longa duração, impõe determinadas condições, oferece possibilidades de desenvolvimento e limita outras. E, vale a pena lembrar, nos permite compreender que nem tudo que se relaciona com a produção e circulação da palavra escrita recai sobre os profissionais dessas práticas.

Farei um resumo de algumas premissas básicas.

A primeira é que, embora apenas uma pequena minoria de editores realize esforços diretamente relacionados com o estímulo à leitura, nós, editores, sempre *construímos* leitores. Ao escolher este ou aquele autor; ao estabelecer coleções, formatos ou capas; ao fixar preços; ao propor ou estabelecer canais de promoção e comercialização, nós, editores, abrimos ou fechamos oportunidades para que pessoas "não leitoras" se convertam em leitores, e também para modificar ou afiançar formas de ser leitor. Ou seja, para continuarmos nos valendo da metáfora arquitetônica, em cada um dos passos da gestão editorial, nós, editores, construímos, remodelamos ou demolimos leitores.

A segunda é que a relação entre editores e leitores não é uma relação unívoca. Também os leitores modificam ou estabelecem formas de ser editor: ao escolher ou rejeitar autores e obras, ao optar por uma determinada forma de acesso aos livros (a compra, o roubo, o empréstimo), ao aceitar ou rejeitar as pautas de recepção que estes lhes propõem.

A terceira é que, ainda que uns e outros nos *construamos* mutuamente, por meio de uma complexa inter-relação, não estamos sozinhos em uma ilha. Também autores, bibliotecários, engenheiros, transportadores, professores, legisladores, publicitários e ministros de fazenda e de cultura abrem ou fecham possibilidades de se ser leitor e editor.

Esse duplo conflito (entre duas liberdades que, ao escolher ou rejeitar, ao aceitar ou modificar, possibilitam ou fecham formas de se ser leitor ou editor, que por sua vez estão condicionados por outros fatores de dentro e de fora do âmbito da produção e da circulação da palavra escrita) dificulta ao extremo estabelecer, o interesse comum entre uns e outros de uma forma simples. Sobretudo quando queremos abordar o problema da maneira processual a que a palavra *construção* alude no nome desta conferência.

Definido o ora exposto, convém analisar as novas condições e modalidades da relação entre o editor e o leitor. Proponho-me a revisar essa novidade a partir do questionamento crítico de duas afirmações usualmente aceitas: a primeira, que o fato fundamental nesse panorama é a redução de leitores; a segunda, que a transformação das pautas de organização da indústria editorial tem sido consequência — e não causa — das transformações na conduta dos leitores.

Diz-se com frequência que há cada vez menos leitores e atribui-se essa redução ao auge da televisão e da internet. É uma afirmação muito discutível (e pouco discutida) na qual valeria a pena nos determos. Mas não o farei, pois, mesmo dando-a como certa, parece-me mais pertinente assinalar que na atualidade há um maior número e uma maior diversidade de usos e usuários da cultura escrita, que se exercitam como tais sob o amparo do mais amplo espectro de discursos legitimadores que jamais existiram.

Tradicionalmente, a leitura e a escrita têm sido um exercício de alguns, não de todos; de elites políticas, econômicas ou religiosas mais ou menos permanentes. Somente há poucos séculos a leitura passou de privilégio de alguns a obrigação de todos, um assunto de cidadania, como disse Emilia Ferreiro.

A multiplicação de usos e usuários derivada da educação obrigatória, a proliferação de saberes a ela associada, o questionamento e a criação de pautas e cânones estabelecidos tiveram um papel fundamental para mudar o paradigma segundo o qual o livro e a leitura deixavam patente o seu valor no conjunto de práticas sociais.

É fascinante ver como diversos fatores (técnicos, culturais, políticos e econômicos) coincidem na inversão desse paradigma. Por exemplo, a conservação da ordem e a preservação da memória, duas funções associadas à escrita desde a sua milenar invenção, perderam preponderância: hoje sabemos que grande parte do que publicamos está destinada a perecer antes de cinquenta anos, pois o aumento da população alfabetizada e o incremento da necessidade de ler provocaram a busca, e, em consequência, a invenção, de materiais baratos e menos duradouros, do papel reciclado à tela eletrônica.

Petrucci observou como, nesse processo, até antes do vertiginoso auge da internet, diminuíram as possibilidades de uma maior coincidência entre as expectativas de autores e editores e, possivelmente como consequência, liberaram-se controles que antes eram impostos.

> No passado, não só a leitura, mas sobretudo a escrita, como prática e como expressão potencialmente subversiva, foi submetida a fortes controles e a rígidas censuras. Hoje, no âmbito daquela que definimos como escrita "privada", rechaça-se qualquer tipo de restrição, de comportamento obrigatório, de cânone e de regra. A escrita "anárquica", como a leitura selvagem, converte-se em uma prática puramente individual, ditada unicamente pelo prazer pessoal e pela vontade de se divertir e de se expressar livremente.[1]

---

[1] Essa aguda observação de Petrucci permite estabelecer uma relação de continuidade entre práticas de leitura e de escrita silvestre, que se expandiram notoriamente a partir da alfabetização ampliada, e que atualmente se dão a partir do uso dos computadores e da internet; ver *Alfabetismo, escritura y sociedad* [Alfabetismo, escrita e sociedade], pp. 264 e ss.

É possível interpretar esse processo como um avanço democrático, mas não somente. Talvez estejamos assistindo a um novo obscurecimento da palavra, a um enfraquecimento do diálogo como instrumento de autorregulação. E isso é algo que deveria ser tratado com a maior atenção por todos os editores, e não apenas por nós.

Nós, editores, tivemos de mudar para nos adaptarmos às novas condições do mundo globalizado. Mas também temos sido atores dessa mudança e, se não quisermos cair num fatalismo imobilizador, devemos compreender que um novo cenário faz que as antigas respostas percam sua vigência; que esse cenário apresenta problemas, mas não impõe uma via única para resolvê-los.

Por isso é importante que revisemos as transformações sofridas pelos diferentes elos da cadeia de produção e circulação da escrita e observar como elas contribuíram para a massificação da cultura.

Ao comparar as transformações de nossa categoria com as que ocorreram em outros setores, é fácil identificar pautas comuns. Como todos os outros profissionais, nós, editores, precisamos aprender a ponderar o nosso trabalho em termos de eficiência e eficácia, a fim de racionalizar gastos e reformular o nosso ofício e o nosso negócio. Sempre nos consideramos especiais, daí o constrangimento não ter sido pequeno, e acabamos por assumir as provocações e os desafios desse novo cenário com menos criatividade e profundidade que as que deveriam caracterizar uma classe que, durante séculos, teve como encargo a preservação das ideias e criações do homem.

Durante séculos, a produção e circulação dos livros foi, antes de tudo, um assunto do ofício, com léxico próprio e, sobretudo, com uma forma de recrutamento e formação de profissionais. Editores, tipógrafos, revisores, livreiros entravam na profissão como aprendizes e subiam na hierarquia à medida que se apropriavam de um saber acumulado por gerações. Em qualquer uma dessas funções, o saber decisivo provinha de sua própria especificidade.

Hoje, a maior parte das vendas é realizada fora do circuito das livrarias; quase todos os conhecimentos tradicionais perderam validade ou são ressignificados a partir de novos saberes. Hoje, uma parte do saber decisivo e do poder decisório não provém do âmbito da profissão. Há alguns anos, à frente dos grandes grupos, havia um editor; hoje é frequente encontrarmos um administrador. Na velha polêmica entre os números e as letras, nós, editores, nos sentíamos naturalmente inclinados para as letras. Hoje convivem, no setor editorial, publicitários, técnicos em computação, revisores, financistas e vendedores, e os números são a única *língua franca* no interior da empresa. A gestão é medida pela lógica fria, contundente e concisa de um balanço de resultados. E, a partir dessa fria lógica, "cada grau e instrumento intermediário que possa permitir uma relação diferente daquela da compra/consumo é evitada ou anulada".[2] É um gasto supérfluo ou, se preferirmos, um investimento de longo prazo altamente arriscado e de rentabilidade dificilmente comprovável. Formar um leitor, lembremos, é criar um possível cliente para a concorrência. É natural que, num cenário como esse, o leitor seja, mais do que nunca, um estranho.

Parte da nossa quase histérica preocupação com os leitores se deve ao paradoxo de que, embora saibamos que necessitemos deles, a leitura, enquanto tal, não aparece em nenhum indicador da nossa gestão.

O leitor é um objetivo, um *target* — como dizem alguns companheiros almejando ter a mesma precisão dos mísseis teleguiados. O leitor sempre foi um desconhecido para o editor, mas antes era possível supor uma provável identificação com ele. Como os autores, nós, editores, podíamos afirmar com certa desenvoltura que publicávamos esta ou aquela obra porque era o tipo de livro que desejaríamos ler. E havia condições para sustentar a aposta. Hoje é difícil sustentar uma aposta, pois a superprodução de novidades torna inviável ocupar espaços de exibição com livros de saída mais lenta.

O mais paradoxal é que, à medida que diminuem os espaços e as oportunidades para se estabelecer com o público uma relação distinta da compra/consumo,

---

2 Ibidem.

o peso do público fica mais importante na definição da aposta editorial. Por isso vemos tantos editores subordinados a diretores de marketing, que presumem conhecer o público de uma maneira objetiva. Por isso, nas feiras de livros, vemos a oferta diminuir e prateleiras cheias de apostas aparentemente seguras acabarem na guilhotina.

Talvez tenha chegado o momento em que devamos nos perguntar se a lógica do gasto em nosso setor não deve ser outra; se aqui, como no amor, quem mais dá mais recebe; se não é mais arriscado deixar de lado todos os riscos e, por último e de maneira fundamental, se o que está em jogo é somente a nossa sobrevivência.

■

Muitos editores gostam de pensar na importância que a nossa profissão tem para o bem comum e dizer, por exemplo, que somente uma sociedade com liberdade de edição pode ser democrática. Por isso procuramos angariar o apoio social e batalhamos por dispensas nos impostos fiscais, compras garantidas ou outros mecanismos que nos protejam. Por isso também nos juntamos com evidente simpatia ao inusitado consenso social em favor da formação de leitores. Por mais paradoxal que pareça, talvez o resultado de fóruns como este devesse ser outro: contribuir para desmontar esse aparente consenso, evidenciar suas debilidades, tornar patente, em último caso, sua inoperância para estabelecer os critérios e hierarquizações necessários para instrumentalizar estratégias ou políticas concretas.

"Construir leitores" é uma frase oca que pode ser pronunciada por políticos sem maiores consequências, mas não pelos editores, pois, embora seja verdade que o futuro das editoras depende da existência de leitores, não é menos certo que do tipo de leitores que formemos (ou melhor, possibilitemos que se formem, pois a única coisa a que podemos aspirar é possibilitar que outros se construam a si mesmos como leitores) dependerá a modalidade de futuro que aguarda à indústria editorial.

Falta esclarecer os *o que* e *para quê*. Falta precisar que leitores procuramos e, sobretudo, o que estamos dispostos a fazer em cada um dos processos de nossa gestão para consegui-lo: agora que tudo é regido pelo mercado, faz falta esclarecermos quanto valem para nós os leitores e quanto estamos dispostos a investir para formá-los.

Há leitores que, apesar de comprarem e lerem livros, enfraquecem as possibilidades de futuro da indústria editorial a longo prazo. Há apoios que, embora a curto prazo resolvam os problemas prementes dos editores, na realidade minam o seu futuro.

Num momento em que inevitavelmente devemos aceitar a realidade do mercado, temos que nos perguntar também se a melhor formar de participarmos dele é aderindo a uma lógica econômica empenhada em produzir homens dispensáveis.

Num contexto econômico e político caracterizado pela imposição de caminhos únicos, devemos refletir se o que garantirá nossa viabilidade não será nos diferenciarmos, mostrar e possibilitar outros caminhos.

Num momento em que os seres humanos estão cada vez mais conectados e, paradoxalmente, mais isolados, nós, editores, devemos nos perguntar de que diabos falamos quando falamos em *construir* leitores. Não é apenas uma questão de princípios; é uma questão de racionalidade empresarial: devemos saber qual é o nosso capital e onde devemos investir para potencializá-lo.

Em resumo, parece-me que, num momento em que é mais fácil do que nunca ser editor (pois o acesso às condições técnicas apropriadas se generalizou de maneira extraordinária), nós, profissionais da produção e circulação da palavra escrita, devemos rever a nossa função social.

Sem dúvida, há muitas respostas. Apresento a minha: parece-me que a tarefa que o editor não pode deixar de lado é justamente a de mediar: entre autores e leitores, entre necessidades presentes e futuras, entre diversas culturas e campos do saber, entre a tradição e a novidade. Isso pressupõe, antes de mais nada, advogar por um espaço para a palavra, para o diálogo.

Creio que podemos ser efetivamente valiosos socialmente e será legítimo demandarmos condições que garantam a nossa sobrevivência na medida em que possamos garantir que exista uma arena onde sejam discutidos, racionalmente, os interesses públicos que permitam aos homens se autorregular.

Por isso é necessário que a indústria editorial se autorregule por meio de um marco de ações acordadas entre todos os profissionais relacionados com a produção e circulação do escrito. E não pode haver melhor regulador que uma população de leitores autônomos, com capacidade para exercer responsavelmente essa autonomia.

Como começar? A maioria dos programas ou discursos parte do pressuposto de que devem ser privilegiados diversos grupos, idades ou âmbitos. Por exemplo, a casa e as crianças pequenas. Conheço e tenho apoiado projetos que rompem este e outros moldes, e me parece perigoso supor, também aqui, um único caminho.

Por onde começar então? Como disse Eliot: "No meu princípio está o meu fim". Nos princípios. Nos fins. Nos princípios que não podem ser transgredidos. Nos fins que devemos ter presentes em cada momento da gestão e na totalidade da cadeia: se o importante for o leitor, em cada elo deve-se mostrar para ele uma hospitalidade essencial, uma hospitalidade que permita que ele exista enquanto outro, construindo-se outro como leitor. A qualidade do papel, a impressão, o cuidado editorial revelam a presença ou ausência dessa hospitalidade. Mas também o espaço que lhe damos no *stand*, as estratégias utilizadas para divulgar ou comercializar.

E é aqui que as pesquisas sociológica e antropológica nos fornecem material muito mais rico que qualquer discurso mercadológico, para compreender o que devemos fazer para possibilitar a formação de mais e melhores leitores. Por trás de cada leitor há pessoas, presenças e ausências que os livros suprem ou recordam. Pessoas, corpos, gestos, modulações de voz, palavras e imagens. Pessoas que interagem com outras pessoas.

Por que, então, o setor tem aceitado tão alegremente tornar sua gestão eficiente, reduzindo as possibilidades desses encontros? Por que gastar dinheiro em cartazes e anúncios de televisão, e não na formação de promotores culturais? Por que os investimentos públicos se concentram nas bibliotecas, não nos bibliotecários?

Por que, em suma, evita-se investir em pessoas ou propiciar espaços para encontros entre pessoas?

A relação com os livros não começa com a leitura, e os livros não servem somente para ler. São objetos carregados de valores afetivos, são objetos que cheiram, pesam, têm texturas, que são associados a vozes e a pessoas, que geram situações e que as recordam. Mas também são lidos e adquirem valor por suscitarem as mais diversas apropriações. É isso o que lhes confere valor aos olhos do público. Na economia do livro não há uma relação direta entre compras e capacidade econômica; o preço que a pessoa está disposta a pagar por um livro depende do valor que dê à leitura e aos livros em sua vida.

Se os livros são objetos singulares (bens de capital e de consumo), como tanto insistimos, não podemos seguir as pautas de organização ditadas pelos manuais do empresário moderno. Pelo menos, não em todos os processos.

O perigo que corremos nessa laboriosa busca para nos adequarmos ao mercado é baratearmos o nosso capital. O perigo que corremos nessa laboriosa busca de leitores é nos esquecermos do mais elementar, contribuindo para o obscurecimento da palavra. Ainda que este se dê em um caótico alvoroço de leitores e leituras.

Continuidades e descontinuidades:

tentativas para compreender
processualmente a formação
de usuários da cultura escrita

Para Louise Rosenblatt, com admiração, gratidão e carinho.

Só poderemos publicar conhecimentos sociológicos que sejam suficientemente objetivos para servir à solução dos agudos problemas sociais quando, na proposta e na solução, deixarmos de sujeitar a pesquisa sobre o que são, na realidade, as ideias preconcebidas a respeito de como a solução de tais problemas pode se acomodar aos próprios desejos.

NORBERT ELIAS

O assunto que quero explorar aqui está expresso com clareza no subtítulo: tentativas para compreender processualmente a formação de usuários da cultura escrita. A questão é, ou me pareceu, bastante enredada. Por isso gostaria de esclarecer alguns conceitos e o nó do problema.

Esquematicamente, entendo por *processo* a transformação pela qual alguém — um indivíduo em relação com outros ou um conjunto de pessoas — passa de um estado a outro. Nessa transformação, esse sujeito não só se *desloca* de um estado a outro, como um passageiro que pega um transporte, mas ele mesmo se altera, modifica suas relações com os outros e, portanto, em médio ou longo prazo, contribui para modificar o próprio sistema em que está inserido. Metaforicamente falando, poderíamos dizer que um processo é um jogo no qual, como resultado de sua interação, um conjunto de atores se transforma mutuamente ao mesmo tempo que modifica as regras e, talvez, o próprio sentido do jogo.

Sob essa perspectiva, a formação de leitores tem sido proposta sempre como um fenômeno processual (embora raramente se tenha assumido isso de forma definitiva), o que pode ser constatado ao analisarmos a sustentação dos discursos que fundamentam a formação de leitores. Quer sua origem tenha se dado em instituições educativas, eclesiásticas ou trabalhistas, quer tenham ou não intenções políticas, religiosas ou educativas, esses discursos supõem que é por meio da leitura que se dará uma transformação das pessoas. Implícita ou explicitamente, esperam que, ao serem formados como tais, os leitores ampliem ou modifiquem sua capacidade para estabelecer relações com eles mesmos e com outras pessoas e instituições, e, portanto, ainda que de maneira colateral, ajudem a transformar (ou a manter) o entorno social. Por isso formamos e sempre foram formados leitores. Pode ser que existam muitas matizes e categorias, mas, essencialmente, não há outra sustentação.

A atividade leitora, entretanto, nem sempre transforma o sujeito que lê. A leitura também pode ser uma forma de *gasto*, de gratuita liberação de energia. Esse é o caso da leitura-consumo, do ócio ou entretenimento, que, diga-se de passagem, mereceria mais atenção das pessoas e instituições encarregadas da formação de leitores. Não há razão para que seja satanizada. Em maior ou menor grau, todos a praticamos, não só os milhões de leitores assíduos de revistas, livros e pasquins que nem sempre se reconhecem como tal, apesar de investirem muitas horas por semana distraindo sua fadiga, ansiedade ou aborrecimento mergulhados na leitura.

Mas não é dessa leitura que queremos falar neste encontro. Se não estiver enganado, aos aqui presentes interessa a leitura que implica benefícios ao leitor, particularmente às relações que este estabelece com outros.

Há algumas décadas presenciamos um consenso inédito a favor da leitura. Mas devemos reconhecer que é muito complexo sustentar os pressupostos ideológicos que lhe são atribuídos. Entre outras razões, porque não é fácil — talvez seja impossível — determinar a relação causa/efeito. Com frequência esse fato acaba sendo inaceitável para a pessoa que investe esforços e recursos a favor da leitura. Talvez isso explique as resistências em se construir um conhecimento sólido em nosso campo. Devemos, porém, nos resignar em trabalhar às cegas, animados pelo entusiasmo e pelo amor aos livros?

Nenhuma teoria que suponha um sujeito universal e imutável nem um documento que pretenda reproduzir experiências na solidão de um laboratório podem nos ser úteis. É que um leitor não se forma somente interagindo com manchas em um papel. A leitura (e a escrita) é sempre um fato social e, portanto, historicamente determinado, que se inscreve na profundidade de sua biografia afetiva. Como tal, é uma faceta a mais de complexos processos de constituição de sujeitos e comunidades. Não pode ser compreendida separada de ambos.

Outra dificuldade é a utilização de conceitos e categorias estáticos para analisar ou descrever uma atividade tão complexa e dinâmica. Certamente não se trata somente de adotar uma nova terminologia, mas sim de pensar de outra forma e de romper com antigos hábitos mentais, dos quais a integridade da pessoa depende. Como sugere Norbert Elias, se nós, homens, continuamos dizendo que o sol nasce a cada manhã, apesar de fazer séculos que oficialmente descartamos essa posição geocêntrica, é porque nos é custoso distanciarmo-nos de nossas ilusões egocêntricas.[1] Quantas outras suposições o nosso ingênuo egocentrismo requer?

Faz tempo que busco uma forma de analisar ou considerar a formação de leitores sem negar sua natureza dinâmica e complexa. Até onde entendo, isso implica, mais que uma heterogênea construção teórica, afastarmo-nos da enganosa e reconfortante estabilidade das palavras e dos conceitos para aprender a pensar nosso campo processualmente. É, sem dúvida, uma empreitada teórica de grande dificuldade, mas não carece de implicações práticas. Acredito que só assim poderemos compreender de forma clara os desafios e dilemas que enfrentamos nesse confuso terreno que hoje chamamos formação de

---

1 Norbert Elias. *El proceso de la civilización*, pp. 38 e ss. [No Brasil, *O processo civilizador*, Rio de Janeiro, Editora Zahar, 1995.]

leitores, no qual proliferam as suposições, as boas intenções, as declarações pomposas e irrefutáveis, os propósitos redentores e a insatisfação crônica. Não as análises esclarecedoras, as pesquisas rigorosas, as ações efetivas.

Minha impressão é de que quem está envolvido na formação de leitores, em que pese supor a leitura como um fenômeno processual, raramente o assume como tal, e a isso se deve a discrepância entre práticas e discursos, a aparente ineficácia das campanhas, a insatisfação permanente de pais, professores e fomentadores.

Minha hipótese é de que, esclarecendo isso, poderemos compreender as resistências, contradições, dificuldades e, por que não, o sentido e a importância do trabalho na formação de leitores. Nas páginas seguintes, tentarei avançar nessa direção, valendo-me da categoria da "continuidade".

∎

O conceito de continuidade ou *continuum* me foi sugerido pela leitura de Louise Rosenblatt.

Fortemente influenciada pela filosofia de John Dewey, Rosenblatt propôs, em 1938, que isso a que chamamos leitura é uma totalidade dinâmica na qual se cria uma transação entre o leitor e o texto, entendidos não como entidades fechadas, mas como entidades que se definem no mesmo ato de leitura.

> Todo ato de leitura é um acontecimento, ou uma transação, que implica um leitor em particular e um padrão de

signos em particular, um texto (um acontecimento), que ocorre num momento particular e dentro de um contexto particular. Em lugar de duas entidades fixas que atuam uma sobre a outra, o leitor e o texto são aspectos de uma situação dinâmica total. O "significado" não existe de "antemão" no "texto" ou "no" leitor, mas desperta ou adquire entidade durante a transação entre o leitor e o texto.[2]

Ninguém lê duas vezes o mesmo texto, em parte também porque ninguém é o mesmo após ler um texto. Do mesmo modo, pelo fato de que o sentido é construído pelas perguntas, vivências e informações trazidas pelo leitor, nunca dois leitores leem um texto da mesma forma.

Trata-se de uma obviedade cujas consequências é muito complicado tratar no campo educativo. A própria Rosenblatt assinalou o quanto é difícil descartar o conceito de que as marcas não possuem significado em si mesmas.[3]

A partir desse modelo, Rosenblatt buscou dar conta das operações que produzem significado, o mesmo de um relatório científico e de uma obra de arte literária.

---

[2] Louise Rosenblatt, "La teoría transaccional de la lectura y escritura" [A teoria transacional da leitura e da escrita], pp. 24-25.

[3] Uma das razões pelas quais a proposta de Rosenblatt é tão importante e revolucionária é que, partindo do terreno educativo, ela assumiu isso para fazer da leitura literária um instrumento para a democratização.

Como se sabe, a tendência geralmente era (e continua sendo) atribuir uma distinção aos textos. Exagero, mas nem tanto: em um poema ou conto, o leitor cultiva suas emoções e sentimentos, desfruta esteticamente e explora sua subjetividade, ao passo que, ao ler um texto informativo ou "de não ficção", como se diz em inglês, o leitor aprende e extrai uma informação objetiva sobre o mundo.

Rosenblatt afasta-se dessa crença e mostra que, na realidade, o ato de leitura deve se localizar em algum ponto de uma linha contínua, definido pelo leitor quando este adota uma postura preferentemente estética (quando o leitor concentra sua atenção nas vivências que afloram no ato de leitura) ou eferente (postura por meio da qual o leitor concentra sua atenção em extrair e reter informação do texto). E insiste no conceito *preferencialmente* para ressaltar a ideia de que existe uma continuidade ou um *continuum* entre os dois polos e, portanto, que a posição de leitor em nenhum momento é completamente estética ou eferente em sua totalidade.

Ao ler Rosenblatt, compreendi que um conceito que permite estabelecer relações de continuidade, em que habitualmente são estabelecidos pares de opostos tangencialmente separados, tem um enorme potencial para descrever, analisar e desenvolver a formação de leitores. E anotei uma lista de contrastes sugestivos.

Sob essa perspectiva, o campo da formação da cultura escrita pode ser considerado como o estabelecimento ou a dinamização de continuidades em pares opostos como oralidade e escritura, corpo e espírito, memória e invenção, infância e idade adulta, razão e emoção, consciente e inconsciente, ausência e presença, público e privado, coação e subversão, civilização e barbárie, ou vida e morte, para citar alguns, a propósito da dessemelhante relevância e grau de cientificidade.

Não seria complicado demonstrar como a leitura é uma atividade que manifesta, torna possível ou catalisa o fluxo entre polos que comumente são vistos sem relação de continuidade. Isso foi explorado por diversos autores e, implicitamente, fica evidente em práticas cotidianas, ainda que não se tenha consciência disso. Por exemplo, catalisa a passagem da infância para a idade adulta e da idade adulta para a infância; também o deslize do sonho para a vida consciente e vice-versa, como narrou Proust, prescreveu Breton e, toda noite, milhares e milhares de pais de família o propiciam. Do mesmo modo, estimula a conversão do espírito em corpo e do corpo em espírito, como sabem os poetas, místicos e terapeutas, e estabelece via comunicantes entre mortos e vivos, como desejamos todos os que temos escrito nosso nome e algo mais para que alguém o leia posteriormente.

Poderíamos redigir belos textos, entrelaçando ideias e observações diversas. Eles deixariam evidente que a palavra escrita cumpre funções vitais primárias e funções sociais complexas; que ativa a memória e a imaginação;

que, em termos humanos, a presença não corresponde às regras da física clássica; que a leitura (e a escrita) é sempre uma forma de fazer visível, de catalisar ou modificar o *continuum* entre um indivíduo e os demais. Poderíamos mostrar que nós, homens, somos seres temporais, que requeremos instrumentos para recordar, antecipar ou prever, e que por isso criamos, evocamos ou prolongamos cenários nos quais interagimos com outros. E que podemos fazer tudo isso porque a linguagem escrita constitui um extraordinário capital de experiências acumulado ao longo de milênios. (Quantos milhões de ideias, emoções, sonhos e fantasias de pessoas mortas ou distantes gravitam em nossas bibliotecas como almas penadas buscando reencarnar? Quantas horas de trabalho são necessárias para ativar esse capital?)

Entretanto, para avançar na construção de conhecimento, seria necessário alinhavar conceitualmente essas observações. Talvez seja possível, recuperando-se as funções que a palavra escrita cumpre ou potencializa, tanto no desenvolvimento psíquico quanto no social, ao adotar uma perspectiva que vincule diferentes aspectos. Por exemplo, alguns aspectos biológicos com outros culturais.

As funções da linguagem, contudo, não podem ser propostas tomando-se como marco de referência o adulto independente e autônomo, ou seja, um indivíduo já constituído e consciente de si. Ao contrário, teríamos que considerar este adulto como o resultado de processos psicogenéticos e sociogenéticos. Trata-se, fundamentalmente, de nos distanciarmos de nós mesmos como adultos que vivemos em determinado estágio civilizatório e nos compreendermos numa sucessão de transformações.

A evolução da literatura infantil e juvenil — desde suas origens remotas nas canções de ninar e nos relatos tradicionais anônimos até os atuais livros para bebês e a cada vez mais variada e rica produção contemporânea — pode ser uma incrível base empírica para o estudo dos processos psico e sociogenéticos. Assim, por meio de estudos, poderíamos compreender melhor as formas como se estabelecem e modificam as pautas de dependência e independência e os equilíbrios nos diferenciais de poder entre indivíduos e grupos em distintos momentos e culturas. Trata-se de uma tarefa pendente da qual poucos se aproximam, talvez porque signifique o retorno dos estudos literários ao campo das relações de ensino-aprendizagem do qual se procurou a independência e do qual, no meu entender, não é possível nos separarmos. Deveríamos analisar melhor as relações de ensino-aprendizagem partindo de uma perspectiva pedagógica e civilizatória mais ampla do que a que é delimitada pela escola.

■

Para compreender o ensino-aprendizagem sob outra perspectiva, convém lembrar que o ser humano está biologicamente determinado para agir com outros, e que nenhum processo de aprendizagem é independente de estruturas e processos naturais ou de não aprendizagem.[4]

Nesse sentido, há dois tipos de estrutura que merecem ser qualificados como naturais. Por um lado, encontramos estruturas que são completamente inacessíveis à mudança, entendendo-se como o conjunto de experiências acumuladas e relembradas. Por outro, há estruturas humanas naturais que permanecem disponíveis e não podem funcionar na sua totalidade a não ser que sejam estimuladas por uma relação de "afeto-aprendizagem" (o exemplo mais estudado disso é o desenvolvimento da linguagem).[5] A presença de tais estruturas é mais óbvia na infância, mas elas não estão ausentes em outras etapas do ciclo vital.[6]

Norbert Elias sugere que certas aprendizagens só podem acontecer por meio de algum tipo de conhecimento já aprendido por uma pessoa, numa idade em que temos maior aptidão para aprendê-las graças ao processo natural de amadurecimento. A capacidade de fala ou o entendimento de uma linguagem é uma das várias instâncias desse território. A de distinguir o que é amado e o que responde ao amor é outra. E a de regular-se a si

---

[4] Norbert Elias. "Sobre los seres humanos y sus emociones: un ensayo sociológico procesual", em *La civilización de los padres y otros ensayos*, p. 310.

[5] Um estudo exemplar nesse sentido é o que foi realizado por Jerome Bruner em *El habla del niño*.

[6] Ver Elias, *op. cit.*, pp. 305 e ss.

mesmo de acordo com o padrão aprendido socialmente e o controle das emoções é uma terceira.[7]

Parece-me razoável que nos situemos em um terreno triplamente demarcado como ponto de partida para a análise do conjunto de tarefas que agrupamos sob o rótulo formação leitora e, especificamente, a evolução da literatura para crianças e jovens. Ou, o que é a literatura senão o lugar privilegiado para recriar a linguagem e um campo de experimentação, expansão, exploração e conservação de afetos, valores e ideias? E a cultura escrita: não tem sido sempre uma ferramenta de controle e autocontrole?

Mas devemos ser prudentes a fim de que sejam evitadas as extrapolações que levariam à confirmação de pressupostos ideológicos muito em voga. Kaspar Hauser e outros casos de meninos-lobos permitem comprovar que, se um menino não for estimulado em determinado período de seu desenvolvimento biológico, sua capacidade linguística estará limitada por toda a vida. O mesmo poderia ser dito do papel dos afetos na primeira infância. Diante disso, não passa de um mero slogan a repetição de que, se lemos para as crianças na infância, elas serão leitores na idade adulta. Pelo contrário, os estudos sociológicos comprovam que a disponibilidade ou capacidade para a leitura pode se modificar positiva ou negativamente de acordo com diferentes variáveis

---

7 *Ibidem*, p. 309.

que não podem ser analisadas mecanicamente. Como assinalou Martine Poulaine, os mesmos entornos (a família, a escola, a prisão), os mesmos imperativos (viver, forjar uma identidade, trabalhar, distrair-se, dormir), as mesmas cargas psíquicas (compreender o mundo, educar os filhos, comportar-se com os demais, defender-se) supõem ou implicam a vontade de ler ou, ao contrário, a vontade de não ler. Diante das necessidades vitais ou existenciais, alguns procuram uma sustentação, uma ajuda, uma resposta consultando o texto escrito, ao passo que outros procuram outras iniciações, outros meios, outras compreensões, outros esquecimentos.[8] Mas é indubitável que, assim como nas estruturas de afeto-aprendizagem, a interdependência dos processos biológicos e culturais é recíproca, como Elias observou e Michéle Petit sugeriu.[9]

Os estudos realizados por René Diatkine, Serge Lebovici, Evelio Cabrejo-Parra ou Enjoe Bonnafé a respeito das rimas, canções de ninar, ladainhas e outras formas literárias comumente oferecidas às crianças na primeira infância são muito sugestivos para compreender

---

8 Prólogo a Michel Peroni, *Historias de lectura*.

9 "Podemos assumir que o processo de amadurecimento biológico nas crianças é tão dependente do processo social de 'afeto e aprendizagem' como o segundo é do primeiro" (Elias, *La civilización de los padres...*, p. 310). Ver também o ensaio "La lectura reparadora", em Michèle Petit, *Lecturas: del espacio intimo al espacio público*.

as continuidades dos aspectos biológicos, emocionais e sociais por meio de formas literárias, no processo de transformação das pautas de dependência e autonomia entre dois sujeitos em construção.

Sob essa perspectiva civilizatória, qual é a relação de continuidade entre essas primeiras cançonetas e os primeiros jogos de linguagem e as formas mais complexas de criação literária apropriadas para crianças de idade mais avançada e com uma socialização mais ampla? Não podemos saber agora. Parece-me que seria importante estudar essa questão com bases empíricas e uma perspectiva mais abarcadora do que a mera análise dos conteúdos.

Por exemplo, nos voltarmos para a literatura moralista dos séculos XVII e XVIII não só como uma forma de transmissão de valores socialmente aceita, mas como um mecanismo para desenvolver a faculdade de antecipação e previsão requerida para a transformação da coação externa em autocoação, própria do processo civilizatório.

Para pensar na formação de leitores como processo, não falta somente definir a trama de continuidades entre os campos biológicos e culturais, psíquicos e sociais. É preciso também descobrir recortes em que, superficialmente, vemos continuidades.

A esse respeito, é legítimo identificar as canções de ninar e rimas anônimas que foram transmitidas de geração em geração por meio da linhagem matriarcal com a variadíssima produção editorial para bebês disponível na atualidade? Os contos do século XVIII trazem o mesmo tipo de dispositivo civilizatório que as narrativas de Roald Dahl? Em que medida as formas de circulação e acesso aos livros são determinantes para definir o potencial civilizatório destes?

O estudo dos recortes evidenciaria que, tanto nos processos psicogenéticos como nos sociogenéticos, o papel da palavra escrita variou historicamente por razões não atribuíveis à evolução da literatura ou da pedagogia (por exemplo, fatores demográficos, econômicos, políticos ou tecnológicos). Ou seja, são fenômenos, em boa parte, não planejados.

Com isso, não quero dizer que os processos sejam determinados acima da vontade dos seres humanos (em todo caso, seriam resultantes do concurso de diversas vontades necessariamente não coincidentes), nem sequer que a vontade das pessoas ou o conhecimento que elas têm de seu campo não intervenham no desenvolvimento dos processos de formação de leitores. Simplesmente são uma variável a mais.

O traço alentador para nós que amamos o conhecimento e sua difusão é que a importância relativa dessas variáveis será incrementada na medida em que os desejos estejam sustentados em conhecimento.

■

A colocação anterior permite pôr em relevo alguns desafios e alternativas que enfrentamos ao nos referirmos à formação de leitores.

É possível compreender a crise na leitura que hoje vivemos pelo duplo conflito com o desejo de uma educação universal, proposta pela primeira vez no século XVIII.

- A suposição de que a escolarização universal implicaria a universalização da capacidade de ler e de escrever.
- A validação universal do modelo letrado.

A maioria dos países não conseguiu alcançar que toda sua população tivesse acesso à educação escolar e fracassou retumbantemente em sua pretensão de que aqueles que saíram do sistema escolar fossem de fato leitores e escritores proficientes. Talvez isso não seja algo possível de se conseguir. De qualquer maneira, fica cada vez mais difícil definir um modelo universal de homem letrado. Quem pode se desenvolver de maneira satisfatória nos diversos gêneros de leitura e escrita que existem atualmente? Como definir um corpus de leituras básicas que todo cidadão deve conhecer? Com que critérios se estabelece um cânon?

As dificuldades que a universalização da educação enfrenta fazem, por momentos, que pareça inatingível o ideal que orientou o movimento iluminista. Não é fácil, porém, descartar tal aspiração sem atirar pela janela princípios que, ao menos no discurso, normatizam a educação e a política do Ocidente desde o Iluminismo.

Com frequência supomos que a formação de leitores é a melhor via para o seu cumprimento. É apenas uma ilusão narcísica e uma mitificação? Há uma correlação entre o processo civilizatório e o avanço da cultura escrita?

A partir da Revolução Francesa, o mundo ocidental avançou, não sem retrocessos, para uma universalização dos direitos e deveres que compreende uma redução dos diferenciais de poder, pelo menos no plano jurídico. Nesse processo, destacaram-se formas de inter-relação social e tem sido necessário reformular continuamente as regras de convivência. Se todos temos direitos e obrigações estabelecidos, a formação de leitores é imprescindível para garantir o estado de direito.

Condorcet, o primeiro teórico da educação universal, assinalou essa questão com clareza quando declarou que se deve buscar que os cidadãos amem e respeitem a lei e que, simultaneamente, a critiquem e a reformulem. Esse é o sentido da educação republicana. Mas quem irá instrumentalizá-la? Que modelos devem sustentá-la?

Não se pode educar ou formar leitores a partir de uma técnica neutra, independente das relações sociais e do mundo dos afetos. Sem dúvida, a palavra escrita cumpriu um papel fundamental no processo civilizador, entendido como subordinação dos impulsos e como o modo como os afetos momentâneos se sujeitam a objetivos de longo prazo. Mas essa não é a única forma de se distanciar e de normatizar a conduta a partir da razão. Nem, necessariamente, conduz sempre a isso.

Durante muito tempo, identificamos leitura e razão, palavra escrita e civilização. Muitas das atribuições que damos hoje em dia à formação de leitores provêm de uma matriz, que foi amplamente questionada, na qual os antropólogos comparavam a cultura escrita às culturas orais.[10] O forte desenvolvimento dos meios para fixar e difundir a palavra oral e a imagem, por um lado, e a proliferação de usos e usuários da palavra escrita e sua incorporação à tela, por outro, tornaram cada vez mais difícil manter a identificação da palavra escrita com esses atributos.

Em nosso tempo, a palavra escrita é cada vez mais similar à oral, e a oralidade e a linguagem visual adquiriram valores próprios da palavra escrita. Insistir na atribuição de valores ao simples fato de ler e escrever é, pois, uma mistificação.

A conjunção da deterioração do valor da palavra escrita e o incremento do poder do oral e do visual tornam novamente imperioso olhar nosso campo a partir de uma perspectiva ampla. A situação mundial nos obriga a repensar os processos civilizadores descentrando-nos do nosso umbigo. Lévi-Strauss escreveu: "Os bárbaros são os que creem na barbárie".

Com isso, quero sugerir que a distinção com a qual devemos trabalhar — nós que apostamos na leitura

---

10 Ver o capítulo "A debilidade radical da linguagem", neste mesmo volume.

como uma forma que implica benefícios ao leitor, à sua possibilidade de estabelecer relações com outros e, portanto, ao seu entorno — não é a oposição entre leitores e não leitores. A leitura, certamente, dá poder e direitos. Mas daí não se pode depreender que tenha relação com o exercício da responsabilidade. Devemos desconfiar dos cercos fetichistas aos livros.

Os formadores de leitores podem contribuir para melhorar o estado do mundo com maior eficácia na medida em que sua atuação esteja baseada num saber crítico, que se questione por suas próprias condições de existência.

Talvez o maior desafio da cultura letrada na atualidade seja compreender-se como uma manifestação não exclusiva do processo civilizador e aprender a se localizar nesse processo como um elo a mais, como parte de um contínuo processo de construção, aberto e sempre ameaçado, não determinado pela vontade, mas que tampouco se pode deixar livre à própria sorte.

A debilidade radical da linguagem:

reflexões sobre a formação de leitores
e a formação de cidadãos

O título desta conferência é, no mínimo, um tanto extravagante. Permitam que eu me desculpe com uma longa introdução.

A educação primária na América Latina sofre de uma sorte contraditória. Em nossos países, ninguém duvida da transcendência dos primeiros anos de vida na formação cognitiva e afetiva da pessoa. Entretanto, e paradoxalmente, o setor educativo continua no desamparo e sofre de carências antigas. Não é necessário explicitá-las, vocês as conhecem e sofrem com elas. Se nossos países não tivessem uma estrutura piramidal tão pronunciada, a educação primária não seria o que funcionalmente é: uma grande peneira que também reproduz essa mesma estrutura.

Mas a educação não cumpre somente uma função conservadora de ordem social. É também um mecanismo decisivo para a mudança. E é nessa tensão, entre duas funções contraditórias inerentes à educação, que o tema da formação de leitores e de cidadãos tem significado. E porque uma educação primária deficiente perpetua a iniquidade, muitos de nós temos visto nela um enorme potencial para transformar os problemas estruturais da nossa sociedade.

Quero entender assim pelo menos uma parte das campanhas de incentivo à leitura que proliferam na região com agressiva efervescência. Mas a urgência de agir é tal que, com frequência, a instrumentalização de uma política educativa de melhoria se converte numa fábrica para produzir cursos com rapidez. As instituições respondem com urgência à premente solicitude do professor primário. E, talvez por desejo de agir de imediato, não poucas vezes esse professor prefere se conceber como um mero receptor de um saber prático. "Não quero filosofia, quero saber como fazer. Diga-me o que fazer" é uma reivindicação que ouvimos com frequência.

Esta palestra parte de uma posição contrária: a ideia de que é importante recuperar, para os professores, um espaço para a reflexão. Assumo que o professor que busca provocar no aluno a inquietação para participar na construção do conhecimento não poderá consegui--lo se não conceber a si mesmo como um pesquisador de seu próprio ofício. Ele precisa sentir que está aprendendo para transmitir a alegria do conhecimento.

E eu quis ser consequente com essa afirmação. Quando fui convidado, assinalei diferentes temas sobre os quais poderia falar. Temas que, para falar na linguagem própria das crianças, já sei de cor. Mas disse-lhes que preferia propor algo novo e que meu verdadeiro interesse era a formação de cidadãos. Já faz muitos anos, decidi que meu trabalho não era somente produzir nem vender livros, mas formar leitores ou, para ser mais preciso, ajudar a formar um tipo especial de leitor.

Nestes dias, li um poema de Olga Orozco no qual ela fala de sua entrega às palavras e de como estas sempre se desvanecem. Gostaria de compartilhar um trecho: quando a poeta descobre que as palavras são menos que os últimos borrões de uma cor, que um sussurro na relva, fantasmas que nem sequer se assemelham ao reflexo do que foram. "Então, não haverá nada que se mantenha em seu lugar, nada que se confunda com seu nome da pele até os ossos?"

Comoveu-me sua abordagem da palavra escrita, sua aceitação dessa impossibilidade como condição de ser e, sobretudo, o título: "No fim, era o verbo". Embora a palavra fosse sempre esquiva e fugidia, Orozco a havia escolhido como sua forma de habitar nosso mundo inseguro. A aceitação desse paradoxo enaltecia sua escolha. A palavra não é apenas origem, como diz o mito: também pode ser destino. Um destino frágil e singular.

Pensei que, em outros campos, por exemplo, no político, poucos aceitam esse paradoxo com tal clareza, e que a lição que o século XX nos deu é que na rebelde aceitação das mais profundas contradições, e não em sua pretensa solução, é que devemos lutar por um mundo mais justo. Foi então que me ocorreu o título desta palestra: "A debilidade radical da linguagem: reflexões sobre a formação de leitores e a formação de cidadãos".

Não sabia, num primeiro momento, até que ponto nem por que essas duas frases estavam ligadas. E, para ser honesto, todos os conceitos implicados no título não passavam de uma nebulosa intuição.

Tinha presente o temor ancestral que a humanidade tem do instável, do aleatório e do imprevisível. Talvez porque a mudança seja o prenúncio inequívoco da nossa condição perecível. E que por isso encontramos consolo e sossego no que é constante, previsível, repetitivo, arremedos de uma eternidade impossível. É um saber quase instintivo que toda mãe atualiza ao instituir pequenos ritos domésticos para sossegar seus pequenos.

Tinha claro que nós, seres humanos, e de muitas formas, temos depositado na escrita nossa esperança de transcender o mundo mutável. Por isso o ditado popular equipara escrever um livro a plantar uma árvore ou a ter um filho.

"Escrita", etimologicamente, vem de "gravar". A primeira escrita é a do nosso nome, a assinatura. E assinar vem do verbo indo-europeu *dher*: deter, sustentar. Já havia constatado como em mim e em muitas crianças essa simples operação outorga uma nova presença no mundo.

Em minha cabeça, rondava também a ideia de que, de alguma forma, a inquietação do ser humano ante a fugacidade e o aleatório estava ligada ao incômodo que sentimos diante da subjetividade alheia. Os outros são sempre imprevisíveis e incontroláveis. E traçava uma analogia, pouco clara, entre a subjetividade identificada com a fugacidade do oral e a objetividade identificada com a escrita. Palavras pronunciadas, esquivas e imperfeitas: puro vento. Palavras escritas, silenciosas, perfeitas em sua contundência, insolentes desse lugar que conseguiu superar a transitória condição humana.

E essas atribuições — sua capacidade para permanecer, para fixar o sentido, para eliminar a subjetividade, para vencer o tempo e a morte — eu as identificava com a fortaleza da linguagem. Intuía vagamente que, na fortaleza atribuída à palavra escrita, se baseava o enorme poder que muitos conferimos à leitura. As palavras fixadas no texto, ao serem lidas, deviam ficar gravadas na mente dos leitores. Dito assim, soa ridículo, mas esta é a suposição na qual a censura e muitas crenças pedagógicas se sustentam. Quando um mentor prescreve um livro para conduzir as crianças pelo bom caminho, quando um ditador queima outro livro para evitar que as pessoas pensem, não estão atribuindo à palavra escrita a capacidade de moldar condutas? Não estão supondo, na realidade, que o que o texto diz fica gravado na mente do leitor e normatiza sua conduta? Também os historiadores com frequência acreditam que as ideias de um livro ficam impressas na vontade dos povos como um selo de ferro na cera, e por isso costumam interpretar a publicação deste ou daquele livro como origem de determinado movimento social, como assinalou com ironia Roger Chartier.

Pareceu-me atraente explorar essas associações e analisar as atribuições que costumamos dar à palavra escrita. Ver como estas sustentavam concepções e práticas concretas, e depois revisar, com novos olhos, a apregoada vinculação entre formação de leitores e de cidadãos.

Era-me ainda mais importante, porque minha própria experiência como usuário habitual da cultura escrita me permitiu compreender que essas atribuições são, ao menos parcialmente, falsas. E que a escrita não consegue vencer a morte, o aleatório, o fugaz, o imprevisível.

De fato, a literatura está cheia de testemunhos assim. Desde o "Eu é um outro", de Rimbaud, até o "Ah, que tu escapes no mesmo instante em que já tenhas alcançado tua melhor definição", de Lezama Lima, a experiência literária dá conta de como a escrita ajuda a compreender melhor o outro, o aleatório, o subjetivo e o fugaz, não a remediá-los. Muitas crianças também o podem perceber, embora, na escola, comumente se evite a todo custo a abertura para essa outra faceta da realidade através da palavra escrita.

E anos e anos de ler livros e de falar sobre eles, de compartilhar ou guiar leituras, davam-me a certeza, esta sim total, de que a leitura sempre tem um pouco de inapreensível, algo que escapa ao pleno controle, inclusive o próprio.

Por oposição — e na linguagem nebulosa de minhas intuições —, chamava "debilidade radical da linguagem" a essa impossibilidade de fixar e controlar, a essa abertura ao outro e aos outros. Por que, se isso que eu chamava de debilidade da linguagem pode ser recebido por qualquer leitor num singelo exercício de introspecção, a escola e outras instituições a desprezam com tanto empenho? Parecia-me que, nessa reação contra a debilidade da linguagem, talvez se encontrassem algumas chaves importantes para a compreensão de um modelo de educação leitora estreito e de cidadania excludente. Essa era, finalmente, a intuição que eu teria de investigar. Mas por onde começar essa pesquisa?

Todos os atributos outorgados à palavra só são possíveis em sociedades em que a escritura seja operante. Portanto, eu deveria mergulhar na história. E assim teve início a caminhada.

Durante a preparação desta palestra, fui encontrando algumas confirmações dessas primeiras intuições e de novos problemas. Para dizer a verdade, surgiram-me muito mais dúvidas do que as que já havia aplacado.

A compreensão desses problemas merece entrar em campos de conhecimento muito amplos (antropologia, história, linguística, filosofia, sociologia etc.). E por todos os lados há pedreiros construindo; e não é que não haja nada escrito, é que estão sendo reescritos.

Talvez por estarmos nos primórdios de uma mudança tão importante como a que ocorreu com o advento da imprensa, nas últimas décadas o conhecimento e a problematização a respeito dos alcances da cultura escrita se multiplicaram de maneira vertiginosa. Ali onde se encontrava uma tese luminosa e esclarecedora, logo outros pesquisadores a matizavam e reduziam seu alcance.

O que segue é uma investigação sobre a confiança na palavra escrita realizada por um homem que confia nela, mas que, justamente por isso, crê que é importante delimitá-la.

Agora, sim, permitam-me começar.

■

O título desta conferência pressupõe algo que, apesar de se repetir com frequência, está muito longe de ser claro: que a formação de leitores está relacionada com a formação de cidadãos.

A palavra escrita está a tal ponto inscrita em nosso exercício cidadão que, para sermos reconhecidos como tais, devemos ter nosso nome escrito em algum lugar e saber assiná-lo (ainda que seja com uma cruz). No entanto, quando falamos de leitura e formação cidadã estamos nos referindo a outra coisa. A que exatamente?

Quando nos detemos a pensar nessa questão, começamos a desconfiar de que existe aí algo de frase oca, de bons propósitos e pouco mais que isso. E tanto a leitura como a formação de cidadãos são dois termos que precisam ser esmiuçados para que compreendamos seu significado concreto. Ambos carregam conceitos que englobam práticas e concepções heterogêneas. O significado real da relação entre cidadania e leitura não se dá a partir da globalidade dos possíveis significados, mas a partir da concretização que essas práticas ou concepções lhes dão. Comecemos, então, a destrinchá-las.

A forma mais generalizada de entender a linguagem é como um instrumento de comunicação. Essa ingênua concepção de linguagem supõe que a usamos para transmitir ideias ou pensamentos formulados externamente a ela. Correspondente à concepção instrumental da linguagem como tal, sendo a escrita identificada como uma codificação da linguagem oral. A decodificação possibilita a posterior reconstituição do oral por outro falante. E assim o universo da comunicação se amplia no tempo e no espaço.

Essas ideias sobre a linguagem e a escrita são as únicas verdadeiramente assumidas pela maioria dos usuários ativos da língua escrita e, sem dúvida, as únicas que são recuperadas pelo sistema escolar na sua totalidade. As crianças copiam o que professor diz para reter e reviver o conteúdo em casa, leem o que o autor "quis" lhes comunicar, escrevem no exame aquilo que poderia ser dito se na classe não houvesse trinta como elas e pouco tempo para serem ouvidas. A escrita retém, como um esporo, o que a leitura reativa.

Essas concepções são, pelo menos, parciais, mas nem por isso deixam de ter alguma relevância para o tema da formação de cidadãos, pelo menos para determinada concepção de cidadania. De fato, é mais provável que, durante muito tempo, o principal papel da escrita tenha sido o de ampliar o raio de ação da palavra: quando o espaço social começou a ser muito grande para que todos ouvissem pessoalmente a autoridade, fez-se necessário contar com um instrumento mais eficaz para comunicar as leis ou as instruções aos cidadãos.

Gostaria de explorar o tema a partir de uma noção de linguagem substancialmente distinta dessa visão instrumental.

Suponho, em primeiro lugar, que a linguagem envolve e penetra em toda a nossa experiência, que não podemos pensar fora dela e que até mesmo o que sentimos ou imaginamos é por ela compelido ou potencializado. A linguagem não só é um instrumento com o qual nós, homens, nos comunicamos, mas também uma ferramenta com a qual nos constituímos por meio de diversas práticas discursivas, banais ou sublimes, utilitárias ou prazerosas, privadas ou públicas: nomear o mundo, reclamar ou outorgar afeto, dialogar, fixar ou discutir preços, contar ou escutar histórias, escrever ou ler anúncios, cartas ou instruções, interpretar documentos, rezar ou debater.

Essas e outras práticas nos constituem. Sob essa perspectiva, a escrita não é meramente a codificação do oral. É uma representação da linguagem, que torna possível ou potencializa certas operações que não necessariamente se atêm à função comunicativa.

Recordemos por exemplo que, desde a Antiguidade, existe uma variedade de práticas de algo que podemos chamar de escrituras fugazes ou obsoletas. São escrituras cuja importância não se assenta na durabilidade, mas na própria exteriorização do pensamento, são práticas que não servem para que se comunique com outros, a menos que o outro seja uma parte do sujeito que escreve e que se desdobra graças a esta operação.

Carmona recorda assim o trágico fim de Arquimedes, quando o sábio se encontrava traçando figuras na areia e foi interrompido por um soldado que perguntou seu nome. Arquimedes estava tão absorto em suas operações que não respondeu, e o militar, talvez um iletrado, cravou-lhe a espada: como podia ser mais importante riscar garatujas na areia do que responder à autoridade?

E são esses os traços que fazemos num quadro-negro para ordenar as ideias. Gestos privados para clarear o pensamento. Não gravados para superar o tempo ou vencer a distância. No outro extremo, encontramos muitas escrituras públicas que exerceram influência sobre pessoas que não eram capazes de decifrá-las, como assinalou Petrucci.

■

Antropólogos, filósofos e até biólogos afirmaram: a cultura é a natureza da humanidade. Por isso, em que pese a visão ser um sentido natural, um esquimó distingue e nomeia uma variedade de matizes que outros englobam na palavra "branco". O que um homem da cidade distingue com o olhar é diferente do que um homem do campo registra. E o que hoje um homem da cidade percebe é diferente do que seu bisavô podia perceber na mesma cidade, ainda que ambos estivessem olhando o mesmo objeto. A harmonia, o sentido da proporção, a concepção dos contrastes e todos os demais fatores que nos fazem pensar e sentir através da visão são determinados pela cultura e inseparáveis do sentido natural. Ninguém se vê sem essas lentes.

Mas uma pessoa que sabe ler e escrever ouve, percebe ou sente de maneira diferente de um iletrado somente porque tem a capacidade de ler e escrever? Durante muitos anos, assim acreditamos. Alguns pretenderam demonstrá-lo ao comparar a cultura escrita com a cultura que emerge e a que transforma o surgimento da escrita: a cultura oral primária, aquela na qual não há nenhuma grafia.

Proponho que tentemos, valendo-nos da obra seminal de Walter Ong, intitulada *Oralidade e escritura*, publicada originalmente em 1982, já em alguns aspectos discutida ou superada, mas que ainda preserva sua vigência e seu poder mobilizador de pensamento.

A comparação pode se dar ao se contrastar, a partir de uma perspectiva fenomenológica, a imagem e o som, e a vista e o ouvido. O ouvido aspira à harmonia, busca a união, repudia o dissonante, o que se diferencia. O ouvido cria um público unificado no ato da escuta: o auditório. A vista, em contrapartida, aspira à claridade: separa. É significativo que não exista uma palavra equivalente a *auditório* para nomear um conjunto de leitores. Ainda que todos juntos estejam lendo o mesmo texto, cada um estará submerso em seu próprio interior.

O tema, porém, tem outras tantas dimensões que confirmam essa primeira aproximação: algumas correspondem aos indivíduos e a como estes se relacionam entre si e consigo mesmos; outras, a como se constrói e se mantém o público. Todas essas dimensões podem ser vistas de uma perspectiva histórica que registre a evolução de uma mesma cultura, ou a partir de uma perspectiva antropológica que ilumine as diversidades culturais.

Seguindo Ong, destaco alguns traços distintivos que podemos extrair de uma análise dessa natureza.

Para o ser humano de hoje, é difícil imaginar como deve ser a vida para uma pessoa que vive uma cultura puramente oral. Nós que estamos habituados à palavra escrita costumamos identificar a palavra com algo externo, com uma coisa. Em uma cultura que não conhece nenhum tipo de escrita, a palavra é apenas som. Um acontecimento que transcorre com o tempo e, como ele, se esvai.

A palavra escrita, em contrapartida, é fixa. O leitor pode voltar a ela quantas vezes quiser e confrontá-la à luz da nova informação que o texto lhe dá. Por isso, muitos especialistas atribuem à cultura escrita a possibilidade de analisar e discutir os conhecimentos objetivamente. Numa cultura oral, quem fala se identifica com o que está dizendo e é difícil separar o que está sendo dito de quem o diz. A palavra é um lapso de tempo e, em si mesma, é manifestação de um poder presente. O ato da fala e o ato da escuta são simultâneos, porque quem fala e quem escuta compartilha o mesmo contexto; diz-se que é uma linguagem situacional: são palavras compreendidas graças à informação que ambos compartilham durante a situação comunicativa.

Ao manter o conhecimento no âmbito compartilhado, muitas culturas orais (ou com fortes reminiscências de oralidade) dão uma marca extraordinariamente agonística à sua expressão verbal e ao seu estilo de vida. Os provérbios e adivinhações são empregados não só para armazenar os conhecimentos, mas parecem também comprometer a outros no combate verbal ou intelectual. Lembremos, por exemplo, os duelos de trovadores que ainda são praticados no campo na Colômbia, no México e na Venezuela. Ou a pechincha como prática inerente às transações comerciais.

Por sua qualidade de objeto externo, na cultura escrita a palavra pode ser separada de quem a enuncia. De fato, sempre há uma separação temporária ou espacial entre quem escreve e quem lê. Por isso a escrita propicia abstrações que separam o saber do local onde os seres humanos lutam uns contra os outros.

Mas se as palavras pronunciadas são sempre evanescentes, como as culturas orais conseguem estabelecer um espaço simbólico estável que garanta sua estrutura social? A única resposta possível é: graças à memória. Não por acaso, nas culturas orais, o saber está depositado nos anciãos: são os que podem recordar mais coisas.

Isso não se traduz apenas na valorização da faculdade da memória em relação a outras, mas também na forma de estrutura do discurso, que será realizado de modo que facilite ser recordado.

As pesquisas sobre culturas orais antigas ou sobre as modernas culturas ágrafas ressaltam a maneira como o pensamento se origina, segundo pautas equilibradas e intensamente rítmicas, com repetições ou antíteses, aliterações e assonâncias, expressões qualificativas e fórmulas, de maneira que venham à mente com facilidade, e que elas mesmas sejam modeladas para a retenção e a pronta repetição.

Certamente, nas culturas escritas também encontramos expressões fixas ou ritmicamente equilibradas. Mas numa cultura oral elas são incessantes ou, como diz Ong, "formam a essência do próprio pensamento. O pensamento, em qualquer manifestação extensa, é impossível sem elas, pois nelas se consiste". Eu acrescento que esses saberes constituem a *res publica*, a coisa pública.

Diz-se que as culturas orais são essencialmente conservadoras. É verdade, mas num sentido muito diferente do que esse termo tem em nossa sociedade. Para elas, não é uma escolha política, mas uma necessidade de sobrevivência. Numa sociedade baseada no poder limitado da memória, cada novo saber representa uma ameaça de deslocamento para o anterior. O conhecimento deve se repetir constantemente ou corre o risco de se perder. E, para que algo seja recordado, deve ser, em si mesmo, memorável. Daí a propensão ao extraordinário nas mal chamadas literaturas orais.

A cultura escrita acolhe o novo sem temor de se diluir e dá às novas gerações a possibilidade de ter acesso ao saber de maneira mais rápida. O poder conservador da escrita é imenso, por isso permite a incessante acumulação do conhecimento. O original não tem referência à sua proximidade com uma pretensa origem; justamente o contrário, é o novo, o que difere radicalmente do que foi visto antes. E a literatura dá capacidade à pessoa comum.

O próprio conceito de memória é diferente em uma cultura oral e em uma cultura escrita. Para nós, que podemos fixar um texto, memorizá-lo e cotejá-lo depois, a memória identifica-se com a repetição exata de palavras previamente fixadas. Nas culturas orais, o memorizado é inevitavelmente uma mistura do novo e do velho, embora se faça passar por impecavelmente antigo. E convém destacar algo mais: o esquecido está prescrito para sempre. Os mortos desaparecem irremediavelmente quando o último mortal deixar de lembrá-los. Um minuto depois, são nada.

Na cultura escrita, a coisa pública é o publicado, e praticamente não há âmbito social que não se estabeleça por meio da escrita e que não requeira seu uso para dele participar.

Qualquer pessoa que tenha escutado nas entrelinhas (permitam-me essa metáfora da cultura escrita neste gênero oral) terá notado que fiz alusão a alguns aspectos ou qualidades inerentes à cultura escrita que são, digamos assim, valorizados pelo discurso republicano sobre a função cidadã. Vou repassá-los sumariamente.

Prioridade do que é analítico, das ideias sobre as ações, dos conceitos sobre os jogos verbais, do exato sobre o aproximado; diferenciação dos indivíduos no interior da comunidade; acolhida do novo; ampliação e diversificação do saber; multiplicação do conhecimento; possibilidades de instrução às crianças; liberação do pensamento da necessidade de conservar; ampliação do intercâmbio de ideias e experiências; desenvolvimento, no indivíduo, de uma consciência de si; ampliação do âmbito do público; possibilidade de reinterpretação do passado; facilitação do surgimento de instituições.

Em suma, uma gama de possibilidades que sustentam todos os valores que, a partir do Iluminismo, cultivamos no Ocidente a fim de libertar o ser humano da sua origem obscura para iluminar o seu futuro.

Não é por acaso que, quando Kant responde a pergunta "O que é o Iluminismo?", tenha aludido à possibilidade de que cada cidadão escreva publicamente sua opinião privada sobre o que diz respeito a todos.

Contudo, a identificação da cultura escrita com a civilização, a racionalidade e a democracia é suspeita. Nas culturas orais, há tanta racionalidade como nas culturas escritas. De fato, muitas pessoas ágrafas realizam análises e conceitualizações que nós, pessoas da cultura escrita, e limitadas por esta, nem sempre podemos compreender como tais.

Apregoar as qualidades da cultura escrita associando-a acriticamente à civilização e ao progresso, diz Pattanayak, é, de fato, relegar um terço da humanidade à categoria dos incivilizados. Tem razão. Mas é insensato concluir que, por isso, deve-se interromper qualquer esforço de alfabetização. Assim como é idealizar a escrita afirmar, por exemplo, que uma pessoa normal escreve dez vezes mais devagar do que fala e supor que, portanto, quem escreve medita e reflete. Todos os que escrevem fazem realmente isso?

Devemos evitar as conclusões mecânicas. Ao ser alfabetizada, uma pessoa não adquire as qualidades da cultura escrita. Por isso, a confiança cega que muitos têm na alfabetização se vê cruelmente contrastada com os fatos.

Esclareço que estabeleci uma comparação entre cultura oral primária e cultura escrita como conjuntos homogêneos somente por finalidade prática. Cada cultura é um conjunto de habilidades e saberes humanos distribuídos desigualmente.

Em *Para uma teoria da língua escrita*, publicado em 1986, Nina Catach oferece um dado que me parece relevante. A metade da população no mundo sabe ler (num sentido muito amplo), mas somente uma quarta parte da população mundial sabe escrever (também num sentido muito amplo). É legítimo supor, portanto, que, numa sociedade como a nossa, essa diferença tenha uma importância enorme para o estabelecimento de parâmetros de diferenciação sociais, econômicos, políticos e culturais.

O que são todos aqueles que sabem ler, mas não sabem escrever? Analfabetos funcionais, semianalfabetos, iletrados, leitores precários? Cada cultura, significativamente, estabelece suas nomenclaturas. Mas trata-se de algo mais do que atribuir um nome. Se é verdade que a introjeção da cultura escrita abre um campo de possibilidades para se pensar e atuar, quem realiza essas possibilidades verdadeiramente? O que modifica o leitor: saber ler ou as atividades que ele é capaz de realizar por meio da palavra escrita?

A leitura de uma nova geração de textos que revisam criticamente os primeiros descobrimentos sobre a cultura escrita nos permite concluir que o ser humano não depende da escrita para uma racionalização medianamente complexa. A escrita tem o efeito de intensificar a tendência para o pensamento descontextualizado e abre possibilidades para construções discursivas mais complexas. Além disso, como afirma com acerto Denny, os seres humanos não trocam seus hábitos de pensamento, a menos que existam razões que os obriguem a fazê-lo.

Em sociedades de pequena escala, o pensamento deve ser empregado não só para se ganhar a vida, mas também para se manter a estrutura social, pois não há instituições sociais autônomas. Quando as sociedades excedem o tamanho em que todos os membros compartilham um fundo comum de informação e aumentam a interação com estranhos, surge o impulso original que leva ao pensamento descontextualizado: transmitir informação alheia às pessoas que levam vidas diferentes das suas.

As próprias práticas discursivas, porém, também foram modificando o sentido original da palavra escrita e, em consequência, a valoração social de quem as realizava. Em muitas sociedades da Antiguidade, o fato de saber escrever não passava de um ofício a mais, que nem sempre ocupava um lugar privilegiado: os escribas eram apenas operários da palavra. A importância social desse saber era tão limitada que nem todos os literatos o possuíam. À medida que os usos da palavra escrita, entretanto, tiveram maior relevância (por exemplo, na comunicação da justiça ou nas transações comerciais), saber escrever se converteu num sinal de distinção que implicava privilégios econômicos e políticos. Illich nos diz que, nos idos do século XIV, a mera capacidade de assinar e soletrar era tomada como teste para a atribuição de privilégios clericais. Por exemplo, quem demonstrasse essa capacidade ficava livre da pena capital.

Para grande parte da população, o texto passou então a ser uma metáfora constitutiva do mundo, mesmo sem saber ler. Quando o espaço de intervenção da cultura escrita se ampliou ainda mais, o prestígio associado a ela cresceu. Mas, de forma paralela, foi se tornando imperioso aumentar o número de usuários. Era uma necessidade do progresso que nem todos julgavam prudente e à qual muitos — oprimidos e opressores — se opuseram por razões das mais diversas naturezas, embora, de forma simultânea, ocorresse também uma pressão dos iletrados pelo acesso à cultura escrita.

Seria extremamente interessante mostrar como cada uma das expansões da cultura escrita gerou movimentos ou opiniões que questionam seu valor ou querem limitar seu acesso à leitura. Curiosamente, desde Platão até a atualidade a palavra escrita tem sido usada com frequência para questioná-la. Mas não é minha intenção revisar a história social da humanidade.

Meu objetivo é simplesmente mostrar que a história da escrita indica com clareza como os usos da palavra escrita reformulam os valores nela implícitos e como essa dinâmica está inscrita numa tensão entre a conservação e a mudança.

A escrita abriu novas possibilidades de construção e acumulação do saber. Permitiu o surgimento de instituições e deu um novo sentido ao espaço público. Em razão dessas transformações, a mortalidade foi reduzida, a produtividade foi incrementada, a cobertura educativa foi ampliada e muitos outros desdobramentos fizeram a sociedade crescer em magnitudes impossíveis antes da cultura escrita. Mas a sociedade não apenas cresceu. Tornou-se também inextricavelmente complexa para qualquer iletrado (e também para a imensa maioria dos letrados). E, para essa sociedade vasta e complexa, estamos formando cidadãos.

Valorizar a escrita somente em termos das possibilidades que ela oferece para ampliar o raio de transmissão da informação é descrever a nossa sociedade apenas em relação à sua magnitude. Em nossa sociedade, a palavra escrita cumpre muitas funções: simbólicas e produtivas, públicas e privadas, políticas e sagradas, educativas e recreacionistas. Isso é algo que não se assume inteiramente na escola e nem mesmo na maior parte das campanhas de incentivo à leitura realizadas extramuros.

De fato, se fizermos uma análise superficial dos discursos e práticas em torno da leitura, veremos que, para a maior parte deles, o contraste significativo ocorre entre os alfabetizados e os analfabetos ou, no máximo, entre quem lê e quem não lê. É um discurso baseado na oposição cultura escrita/cultura oral, como se as diferenças no interior dos que sabem ler não fossem de igual ou maior significação.

Em geral, identificamos a formação cidadã com o exercício do político, do público ou ao menos do intersubjetivo. Creio que se deve zelar simultaneamente pelo desenvolvimento de uma dinâmica de aproximação ao íntimo e ao subjetivo. Algo que tem a maior importância na formação de cidadãos.

O homem é um ser racional. O homem é um ser social. O homem é o único animal que fala. Nosso orgulho de espécie nos tem feito insistir nessas afirmações. Mas com frequência esquecemos que a nossa razão só tem valor porque o homem é também um ser irracional. Que nos organizamos socialmente ao mesmo tempo que temos clara consciência da nossa irredutível solidão. E que, se somos animais da linguagem, a linguagem compreende o racional e o irracional.

A palavra escrita é o instrumento mais poderoso para atribuir sentido, mas, inevitavelmente, está aberta a novos significados. Não apenas por sua essência polissêmica, mas porque o sentido só é extraído do contingente e para o contingente.

■

Quero voltar ao terror diante da inevitável debilidade da linguagem. Dewey descreveu-o com grande sabedoria como "a técnica com que os pensadores relegaram o incerto e o incompleto a uma deplorável situação de ser irreal, enquanto exaltaram sistematicamente o certo à categoria de verdadeiro Ser".

Esse excepcional pensador estadunidense do princípio do século XX mostrou também como o incompleto encoraja a prática, o desejo de busca e a participação. E como, pelo contrário, o completo encoraja o refúgio e contemplação.

Essa abordagem abre uma enorme torrente de sugestões para analisar as práticas escolares e suas implicações na formação de cidadãos. Deixo-lhes, então, essa tarefa.

NOTA SOBRE OS TEXTOS

"Os dias e os livros" teve origem como um exercício realizado em um seminário da equipe de livros para crianças e jovens do Fundo de Cultura Econômica. Foi uma proposta de Evelyn Arizpe que me agradou desde o princípio. Escutar os textos dos demais e redigir o meu revelou-se uma experiência muito enriquecedora. E surpreendente, dolorosa e catártica.

"A paternidade e os livros" foi escrito como uma colaboração para a revista *Cahiers d'ACCES*.

"A invenção da criança" foi a conferência inaugural do seminário de formação de profissionais organizado pela Feira do Livro Infantil e Juvenil, na cidade do México, em novembro de 1999.

"Estrangeiros no mundo" foi lida no 27º Congresso Mundial do IBBY (International Board on Books for Young People) em Cartagena, Colômbia, em setembro de 2000.

Redigi "Em meu princípio está o meu fim" para participar do fórum "A construção de leitores", no Congresso Internacional de Editores realizado em Buenos Aires, Argentina, em maio de 2000.

A primeira versão de "Continuidades e descontinuidades" foi lida em um seminário a portas fechadas convocado pela Fundação Germán Sánchez Ruipérez, na Casa de América de Madrid, Espanha, em novembro de 2001.

"A debilidade radical da linguagem" foi inicialmente uma conferência pronunciada em Medellín, Colômbia, em 1998.

Bibliografia

ABBAGNANO, N., y A. VISABERGUI, *Historia de la pedagogia* (trad. Jorge Hernéndez Campos), México, Fondo de Cultura Económica, 1980.

BENJAMIN, Walter, *Ensayos escogidos* (trad. H. A. Murena), Buenos Aires, Sur, 1967.

BRUNER, Jerome, *El habla del niño. Aprendiendo a usar el lenguaje* (trad. Rosa Pemat), Barcelona, Paidós, 1986.

CARDONA, Giorgio Raimondo, *Antropología de la escrita* (trad. Alberto I. Bixio), Barcelona, Gedisa, 1994.

CATACH, Nina (org.), *Para uma teoria da língua escrita* (trad. de Fulvia M. L Moretto e Guacira Marcondes Machado), São Paulo, Ática, 1996.

CAVALLO, Gugliemo, y otros, *Historia de la lectura en el mundo occidental* (trad. María Barberán, Mari Pepa Palomero, Fernando Borrajo y Cristina García Ohlrich), Madrid, Taurus, 1997.

CERTAU, Michel de, *La invención de lo cotidiano, 1: Artes de hacer* (trad. Alejandro Pescado), México, Universidad Iberoamericana, 2000.

CHARTIER, Roger, *Espacio público, crítica y desacralización en el siglo XVIII. Los orígenes culturales de la Revolución Francesa* (trad. Beatriz Lonne), Barcelona, Gedisa, 1995.

DARNTON, Robert, *O grande massacre de gatos e outros episódios da história cultural francesa* (trad. Sônia Coutinho), Rio de Janeiro, Edições Graal, 2011.

DEWEY, John, *Reconstrução em filosofia* (trad. Marsely De Marco Martins Dantas), São Paulo, Ícone Editora, 2011.

ELIAS, Norbert, *El proceso de la civilización. Investigaciones sociogenéticas y psicogenéticas* (trad. Ramón García Cotarelo), Madrid, Fondo de Cultura Económica, 1987.

_____, *La civilización de los padres y otros ensayos* (comp. y presentación de Vera Weiler), Bogotá, Editorial Universidad Nacional / Norma, 1998.

FERREIRO, Emilia, *Alfabetización. Teoría y práctica*, México, Siglo XXI, 1997.

GARCÍA CANCLINI, Néstor, *Consumidores e cidadãos. Conflitos multiculturais da globalização*, Rio de Janeiro, UFRJ Editora, 2008.

HAZARD, Paul, *Los libros, los niños y los hombres* (trad. María Manent), Barcelona Juventud, 1960.

HÜRLIMANN, Bettina, *Tres siglos de literatura infantil europea* (trad. Mariano Orta), Barcelona, Juventud, 1982.

IBRISIMOVIC, Medzad, *El libro de Adem Kahriman* (trad. Antonio Saborit y Stephen Schwartz), México, Breve Fondo Editorial, 2000.

KANT, Emmanuel, *Filosofía de la historia* (trad. Eugenio Ímaz), México, Fondo de Cultura Económica, 1979.

MAUSE, Lloyd de, *Historia de la infancia* (trad. María Dolores López Martínez), Madrid, Alianza, 1982.

OLSON, David R., *El mundo sobre el papel* (trad. Patricia Willson), Barcelona Gedisa, 1998.

OLSON, David R., Y NANCY TORRANCE, *Cultura escrita y oralidad* (trad. Gloria Vitale), Barcelona, Gedisa, 1995.

ONG, Walter J., *Oralidad y escritura. Tecnologías de la palabra*. (trad. Angelika Sep), México, Fondo de Cultura Económica, 1987.

PERONI, Michel, *Historias de lectura. Trayectorias de vida y lectura* (trad. Diana Luz Sánchez), México, Fondo de Cultura Económica, 2003.

PERRAULT, Charles, *Cuentos* (introd. Bruno Bettelheim, trad. Carmen Martín Gaite), Barcelona, Crítica, 1980.

PETIT, Michèle, *Os jovens e a leitura* (trad. Celina Olga de Souza), São Paulo, Editora 34, 2004.

_____, *Lecturas: del espacio íntimo al espacio público* (trad. Miguel y Malou Paleo y Diana Luz Sánchez), México, Fondo de Cultura Económica, 2001.

PETRUCCI, Armando, *Alfabetismo, escritura y sociedad* (pról. Roger Chartier y Jean Hébrard), Barcelona, Gedisa, 1999.

PLATÓN, *Cartas* (trad. J. B. Torres), Madrid, Akal, 1993.

ROSENBLAT, Louise, "La teoría transaccional de la lectura y escritura", en *Los procesos de lectura y escritura*, 1, Buenos Aires, Lectura y Vida, 1996.

SORIANO, Marc, *La literatura para niños y jóvenes. Guía de exploración de sus grandes temas* (trad., adaptación y notas Graciela Montes), Buenos Aires, Colihue, 1995.

STEINER, George, *Después de Babel. Aspectos del lenguaje y la traducción* (trad. Adolfo Castañón y Aurelio Major), México, Fondo de Cultura Económica, 1995.

_____, *Presencia intacta, Ensayos, 1978-1995* (trad. Menchu Gutiérrez y Encarna Castrejón), Madrid, Siruela, 1997.

_____, Errata. *El examen de una vida* (trad. Catalina Martinéz), Madrid, Siruela, 1998.

TWAIN, Mark, *Diario de Adán y Eva*, Buenos Aires, Corregidor, 1990.

SOBRE O AUTOR

Daniel Goldin Halfon nasceu no México em 1958. É editor, poeta e ensaísta. Criou e dirigiu diferentes coleções para crianças e jovens do *Fondo de Cultura Económica de México*. Atualmente é editor na editora *Océano Travesía*.

Fez parte do grupo que assessorou a *Encuesta Nacional de Lectura* e coordenou o volume de estudos publicados sobre ela, ambos pela editora Conaculta.

Participa frequentemente de conferências e de seminários em fóruns de editores, bibliotecários e professores. Além deste *Os dias e os livros*, é autor de *Al otro lado de la página, imágenes de la lectura en México* (Santillana, 2008) e coautor de *Bibliotecas y escuelas — Retos y posibilidades en la sociedad del conocimiento* (Océano Travesía, 2008), ainda inéditos no Brasil.

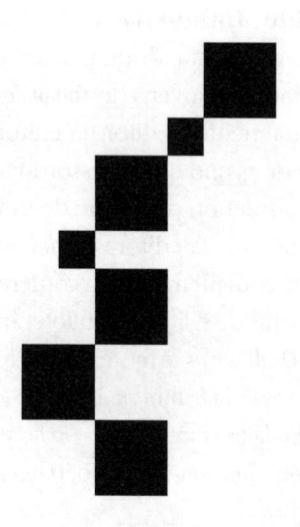

Esta obra recebeu
o selo Altamente
Recomendável pela
FNLIJ – Fundação
Nacional do Livro
Infantil e Juvenil.